박시백의 조선왕조실록

15

경종·영조일기

일러두기
2024 어진 에디션은 정사 《조선왕조실록》을 바탕으로 한 이 책의 특징을 드러내고자
어진과 공신화에서 모티브를 얻어 박시백 화백이 새롭게 표지화를 그렸다. (표지화 인물: 영조)

박시백의
조선왕조실록

The Veritable Records of
the Joseon Dynasty
15
The Veritable Records of
King Gyeongjong and Yeongjo

경종·영조일기

Humanist

머리말

　　　외환위기가 한창이던 때였다. 어쩌다가 사극을 재미있게 보게 되었는데 역사와 관련한 지식이 너무도 부족한 자신을 발견하게 되었다. 그도 그럴 것이 젊은 날에 본 역사서는 근현대사가 대부분이었고, 조선사에 대한 지식이라고는 중·고교 시절에 학교에서 배운 단편적인 것들이 거의 전부였다. 당시 나는 신문사에서 시사만화를 그리고 있었다. 다행히 신문사에는 조그만 도서실이 있었는데, 틈틈이 그곳에서 난생처음 조선사에 대한 여러 책을 접할 수 있었다.

　　　조선사, 특히 정치사는 흥미진진했다. 거기에는 우리에게 익숙한 수많은 역사적 인물의 신념과 투쟁, 실패와 성공의 이야기가 있었고, 《삼국지》나 《초한지》 등에서 만나는 극적인 드라마와 무릎을 치게 하는 탁월한 처세가 있었다. 만화로 그리면 재미있겠다는 생각이 들었다. 몇 권 더 구해 읽다 보니 한 가지 궁금증이 생겼다. 어디까지가 정사에 기록된 것이고 어느 부분이 야사에 소개된 이야기인지가 모호했다. 이 대목에서 결심이 섰던 것 같다. 조선 정치사를 만화로 그리자, 그것도 철저히 《실록》에 기록된 정사를 바탕으로 그리자.

　　　곧이어 다니던 신문사를 그만두고 《국역 조선왕조실록 CD-ROM》을 구입했다. 돌이켜보면 참 무모한 결심이었다. 특정한 출판사와 계약한 것도 아니고, 《실록》의 한 쪽도 직접 본 적 없는 상태에서 작업에 전념한다는 미명 아래 회사부터 그만두었으니. 내 구상만 듣고 아무 대책 없는 결정에 동의해준 아내에게도 뭔가가 씌웠던 모양이다. 궁궐을 찾아 사진을 찍고 화보자료를 찾아 헌책방을 기웃거렸다. 1권에 해당하는 부분을 공부한 뒤 콘티를 짜기 시작했다. 동네를 산책하면서도 머릿속에서는 항상 그 시대의 인물들이 이야기를 주고받고 다투곤 했다. 어쩌다 어떤 인물의 행동이 새롭게 이해되기라도 하면 뛸 듯이 기뻤다.

마침내 펜선을 입히면서 수십 장이 쌓인 뒤 처음부터 읽어보면 이게 아닌데 싶어 폐기하기를 서너 번, 그러다 보니 어느새 1년이 후딱 지나가버렸다. 아무런 결과물도 없이 1년이 흘렀다고 생각하니 슬슬 걱정이 차오르기 시작했다. 이러다간 안 되겠다 싶어 100여 장의 견본을 만들어 무작정 출판사를 찾아가기로 했다. 그렇게 견본을 만든 후 몇 군데에서의 퇴짜는 각오하고 출판사를 찾아가려던 차에 동료 시사만화가의 소개로 휴머니스트를 만나게 되었고, 덕분에 다른 출판사들을 찾아가지는 않아도 되었다.

이 만화를 그리며 염두에 둔 나름의 원칙이 있다면 이랬다.
첫째, 정치사를 위주로 하면서 주요 사건과 해당 사건에 관련된 핵심 인물들의 생각과 처신을 중심으로 그린다.
둘째, 《실록》의 기록을 바탕으로 하면서 학계의 최근 연구 성과를 적극 고려하고 필자 스스로도 적극적으로 해석에 개입한다.
셋째, 성인 독자들을 주된 대상으로 삼되, 청소년들과 역사에 관심이 남다른 어린이들이 보아도 무방하게 그린다.

흔쾌히 출판을 결정해준 휴머니스트 김학원 대표와 책이 나오는 데 애써준 휴머니스트 식구들에게 감사드린다. 그리고 언제나 곁에서 응원해주고 적절히 비판해주는 아내와 사랑하는 두 딸! 고맙다.

2003년 6월

세계기록유산은 모두의 것이며,
모두를 위해 온전히 보존되고 보호되어야 하며,
문화적 관습과 실용성을 충분히 인식하여
모든 사람이 장애 없이 영구적으로 접근할 수 있어야 합니다.

The world's documentary heritage belongs to all,
should be fully preserved and protected for all and,
with due recognition of cultural mores and practicalities,
should be permanently accessible to all without hindrance.

—〈유네스코 '세계의 기억' 프로그램의 목표〉중에서

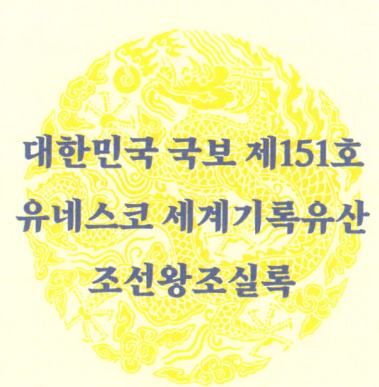

대한민국 국보 제151호
유네스코 세계기록유산
조선왕조실록

진실성과 신빙성을 갖추고
25대 군주, 472년간의 역사를 6,400만 자에 담은
세계에서 가장 장구하고 방대한 세계기록유산.
세계인이 기억해야 할 위대한 유산
《조선왕조실록》의 세계로 초대합니다.

차례

머리말 4
등장인물 소개 10

제1장 거대한 그늘을 남긴 경종 4년

소론 임금, 노론 정권 14
건저와 대리 21
경종의 변신 31
벼랑 끝의 세제 41
목호룡의 고변 48
형제 58

제2장 신원에서 탕평으로

노론 임금, 소론 정권 68
노론은 복수를 75
왕은 탕평을 80
이인좌의 난(무신란) 87
탕평의 길 97

제3장 탕평에서 신원으로

토적이냐, 탕평이냐? 104
군무신설(君誣伸雪) 110
끝까지 영조를 거부한 이들 118
껍데기만 남은 탕평 127

제4장 **영조 52년**

성실한 유학 군주　136
정치적인, 너무나 정치적인　141
남긴 업적들　148
왕과 가족　155

제5장 **사도세자의 비극**

왕실의 희망　162
대리청정　168
파국을 향해　177
엽기적인 결말(임오화변)　191
이런저런 해석들　202
비극의 재구성　213
뒷이야기　230

작가 후기　240
《경종·영조실록》연표　242
조선과 세계　251
Summary: The Veritable Records of King Gyeongjong and Yeongjo　253
The Veritable Records of the Joseon Dynasty　254
세계기록유산,《조선왕조실록》　256
도움을 받은 책들　257

등장인물 소개

경종
조선 제20대 임금. 사사된 희빈 장씨의 아들이다.

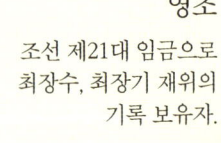

세손
뒷날의 정조.

영조
조선 제21대 임금으로 최장수, 최장기 재위의 기록 보유자.

사도세자
뒤주에 갇혀 죽어야 했던 비극의 주인공.

혜순대비(인원왕후)
숙종의 제2계비로 영조의 후견인 역할을 함.

정순왕후
영조의 계비.

혜경궁 홍씨
사도세자의 부인으로 《한중록》을 지음.

영빈 이씨
세자의 생모로 세자의 처형을 청했다.

이이명과 김창집
노론 4대신의 주축 인물들로 건저·대리를 주도했다.

이광좌
소론의 수장으로 여러 차례 영의정을 지냈다.

오명항
이인좌의 난을 진압함.

김상로
왕과 세자를 이간질한 혐의를 받고 있다.

정호와 민진원
노론의 수장 격 인물들로 끝까지 소론과의 탕평을 반대.

홍치중
영조의 탕평책에 호응한 노론 대신.

김재로와 조현명
노론과 소론의 탕평파 수장.

홍봉한
혜경궁의 아비로 영조 후반기의 실권자.

이인좌
무신년 난의 주역.

조태구
연잉군의 대리를 막은 소론 대신.

김일경
소론 준론의 수장.

목호룡
삼수의 역을 고변함.

경희궁
원래 이 자리에는 인조의 생부인 정원군의 집이 있었는데, 왕기가 서려 있다 하여 광해군이 헐고 궁궐을 지었다.
처음에는 경덕궁이라고 불렀는데 영조 때 경희궁으로 바꾸었다. 경종은 이곳에서 즉위식을 가졌다.

제1장

거대한
그늘을 남긴
경종 4년

소론 임금, 노론 정권

세 살에 세자에 책봉되고

열네 살에 생모인 희빈 장씨의 죽음을 맞았다.

생모가 죽고 나서 19년 동안은

세자로 산 세월만 자그마치 30년이었어.

불안과 긴장의 세월이었다.

부왕 숙종은 살가운 애정을 거둬들였고,

막강한 정치 세력인 노론은 애초부터 조금도 호의적이지 않았다.

사방에 그의 실수만 바라는 눈들이 번득였다.

말 한마디 실수하면 어쩌나?
혹 무슨 잘못된 행동을 하지는 않았을까?
미리 염려하고 돌아보며 근심하기를 19년이었다.

오늘 하루는 별일 없었지? 내일도 조심 또 조심!

몸은 병들어갔고 정신은 피폐해졌다.
어쨌거나 견뎌냈고, 마침내 보위를 이으니
조선 제20대 임금 경종이다.

그를 지켜내어 오늘이 있게 한 데는

누구보다도 먼저 지금까지 버텨준 나 자신에게 고맙다는 말을 하고 싶구나. 다음으로…

소론의 힘이 컸다.

비록 '병신처분' 뒤 비주류로 전락했지만, 시종일관 '동궁 보호'를 주장했을 뿐 아니라

위험하다 싶을 땐 몸을 던졌다.

따라서 새 임금 경종은 소론 임금이라 불러도 좋으리라.

그런데 아직 바뀐 것은 임금뿐이었다.

숙종과의 교감 아래 세자 교체까지도 꾀했던 집권 노론은 긴장했지만,

이것이 바로 집권 노론의 현실적인 힘이었다.

왕은 노론의 기대대로 여전히 무기력한 모습을 보였다. 신하들을 자주 만나려고도 하지 않고,

그런데 이사이 조태구를 짧은 기간 동안에 경력을 쌓게 한 다음 우의정에 앉혔는가 하면, 이광좌, 최석항 등을 요직에 발탁 등용했다.

모두 소론 인사들이다.

건저와 대리

* 건저(建儲): 왕위를 이을 사람을 정하는 일.
* 대리(代理): 임금이 정사를 돌볼 수 없을 때 왕세자가 대신 정치를 맡던 일. = 대리청정(代理聽政)

보위에 오른 지 겨우 1년, 이때 경종의 나이는 고작 서른넷이었고, 재혼 왕비 어씨는 겨우 열일곱이었다.

설령 이때까지 자식이 없었다 해도 득남을 위한 섭생을 권하는 것이 신하의 도리일 터인데…….

그만큼 노론으로서는 무리수를 택한 것이라 하겠다.

노론 위주의 대신들과 삼사가 밤중에 모였다.

"성상께오선 자전을 모시고 계시니 자전께 여쭈시어 수필(手筆)을 받은 연후에야 봉행하실 수 있나이다."

왕이 대비전으로 들어갔고, 신하들은 밖에서 기다렸다.

그들은 결정에 정당성을 더하기 위해 대비의 결재를 요구한 것인데,

수렴청정을 하는 상황도 아닌 서른을 넘긴 임금에게 어이없는 무례를 저지른 것이었다.

"가서 결재를 받아 오시죠."

왕은 새벽이 되어서야 나와 신하들이 원하는 것을 건넸다.

"자전의 수찰(手札)은 이 봉서 안에 들어 있소."

＊수필(手筆): 직접 쓴 글씨.
＊수찰(手札): 손수 쓴 편지.

소론 유봉휘가 나서서 절차상의 문제와 신하들의 무례를 공격하자

*성명(成命): 신하를 어떻게 할 것인지에 대한 임금의 명령.

* 시좌(侍坐): 임금이 정전에 나갔을 때 왕세자가 그 옆에서 받듦.
* 만기(萬機): 임금이 해야 하는 여러 가지 나랏일.

경종의 변신

4대신 등 물러났던 신하들이 급히 입궐하는 소동으로 도성 안은 적이 시끄러웠을 터.

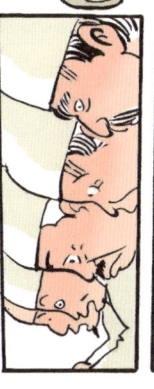

곤혹스럽게 된 노론계 삼사는 다시 절차상의 문제를 물고 늘어졌다.

승정원에서 우상의 청대를 허락하지 않았다는데 전하께서는 어디서 우상이 들어온 것을 아셨사옵니까?

몰래 대신의 입궐을 알게 한 승전색 등을 처벌하소서.

환시와 결탁해 안팎으로 교통하고 승정원을 거치지 않은 것은 망국의 조짐이옵니다.

결탁이니 교통이니 따위의 말은 심히 무엄하다. 번거롭게 말라!

왕의 단호한 요청에 노론은 크게 위축되었다.

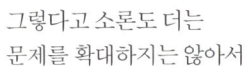

그렇다고 소론도 더는 문제를 확대하지는 않아서

섣불리 덤볐다간...

모처럼의 고요가 50여 일 지속되었는데,

경종 1년 12월 6일, 김일경을 필두로 박필몽, 이명의, 이진유, 윤성시, 정해, 서종하가 연명한 상소가 올라온다. 유명한 김일경의 상소다.

＊승전색(承傳色): 내시부에서 임금의 뜻을 전달하는 일을 맡은 벼슬.

"이 상소는 지극히 흉참하오니 엄히 물리쳐 간사한 싹을 끊어버리시고 형벌을 베풀어 나랏일을 다행스럽게 하시옵소서."

"시끄럽다. 감히 내 마음을 엿보려는 수작이냐?"

강(綱)에는 세 가지가 있사온데 군위신강(君爲臣綱)이 그중 으뜸이 되고
윤(倫)에는 다섯 가지가 있사온데 군신유의(君臣有義)가 그중 첫머리가 되니
  ⋮
조성복이 앞에 불쑥 나왔는데 죽음을 내리지 아니하였고 사흉(四凶; 김창집, 이이명, 이건명, 조태채)이 뒤에 방자했는데도 토죄를 청한 것을 아직 듣지 못하나이다.
임금의 형세는 날로 외롭고 흉한 무리는 점점 성하여 군신의 분의가 없으니 …
  ⋮
(대리 청정의 일, 사흉의 죄, 조태구·최석항을 죄주라고 청한 삼사의 죄를 말함)
엎드려 바라옵건대 밝은 명령을 내리시어 형을 거행하시되,
적신 조성복과 사흉 등 수악(首惡)을 삼척(三尺; 법이란 의미)으로
처단하시어 조금도 용서하지 마시옵소서.

승정원과 삼사에서 임금을 업신여기고
무엄하게 군 죄도 아울러 다스려 군신의 대강을
세우시고 상륜(常倫)을 세워 흉적들로 하여금
다시는 일어나지 못하게 하시고
충성된 뜻을 스스로 힘쓸 수 있게
하시옵소서.

"진언한 것을 깊이 가납한다."

＊상륜(常倫): 변하지 않는 도리.
＊가납(嘉納): 옳지 않거나 잘못한 일을 고치도록 권하는 말을 기꺼이 받아들임.

*삭출(削黜): 삭탈관직하여 문외출송함.
*문외출송(門外黜送): 도성 밖에 나가 살게 하던 형벌.

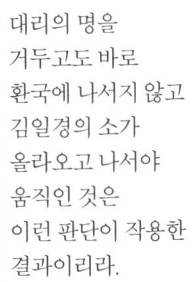

대리의 명을
거두고도 바로
환국에 나서지 않고
김일경의 소가
올라오고 나서야
움직인 것은
이런 판단이 작용한
결과이리라.

그때까진 소론이 아직
스스로 권력을 담당할
자신이 없어 보였어.
단지 노론의 횡포를
저지하는 정도밖엔.
그러나 김일경의 무리는
달라. 한판 붙을
깡다구가 있거든.

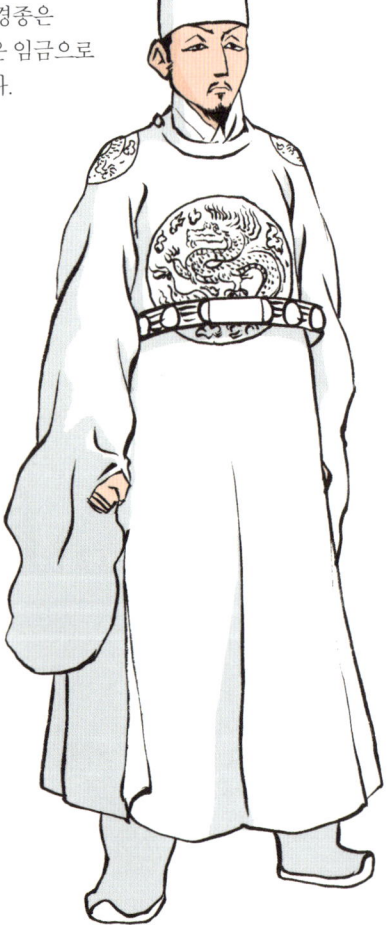

그렇게 경종은
임금다운 임금으로
거듭났다.

임금이 임금다워지자 모든 것이 바뀌었다.
소론은 집권 세력이 되어 지난날의 한을
풀고자 했고,

임금 자리 빼고는 다 가졌던 노론은
이제 긴장이 아닌 공포를 마주하게 되었다.

벼랑 끝의 세제

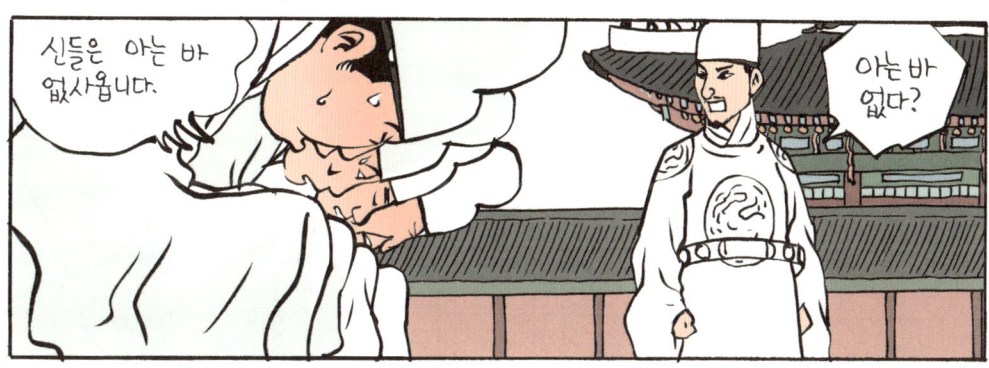

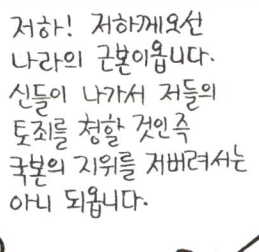

고립무원의 위기에서 빛난
세제의 정면 돌파 전략의 승리였다.

비록 형인 경종에게 좋지 못한
인상을 심어주고 말았지만,

내관들의 참소를 미리 막고, 이후로도 쉽게
유사한 일을 벌이지 못하게 하는 사전 경고
효과를 거두었다.

무엇보다도 세제라는 정치적
지위를 새삼 각인시켰다.

그러고는 정치에 무관심한
듯 공부에만 전념했다.

그러나 지나간 해일보다
훨씬 큰 쓰나미가
몰려오고 있었으니…….

제1장 거대한 그늘을 남긴 경종 4년 47

목호룡의 고변

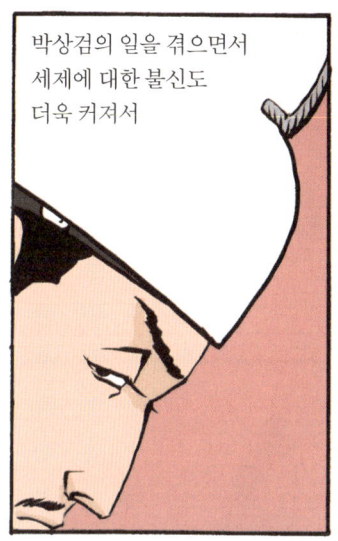

박상검의 일을 겪으면서 세제에 대한 불신도 더욱 커져서

영의정 조태구가 형제의 우애를 강조하는 말을 올렸을 때도 반응을 보이지 않았다.

박상검이 죽고 나서 두 달 조금 넘게 지난 경종 2년 3월.

충격적인 고변이 터져 나왔으니 이른바 목호룡의 고변이다.

역적으로서 성상을 시해하려는 자들이 있어 칼이나 독약, 폐출의 방법을 도모해 왔으니 결국 이래 없던 역적들이옵니다.

신이 눈으로 직접 모의하는 것을 보고 호랑이 아가리에 미끼를 주어 비밀을 캐어낸 뒤 이처럼 고하는 것이옵니다.

제1장 거대한 그늘을 남긴 경종 4년 49

선왕의 국장 때 백망이 대궐 담을 넘어 들어가 칼로 해친다는 대급수,

주요 내용을 요약하면, 노론 핵심의 자제들인 김용택, 이기지, 이희지, 정인중, 심상길, 백망, 서덕수, 김창도, 김성절 등이 비밀리에 결사해 숙종 말년부터 경종의 제거를 도모해왔는데,

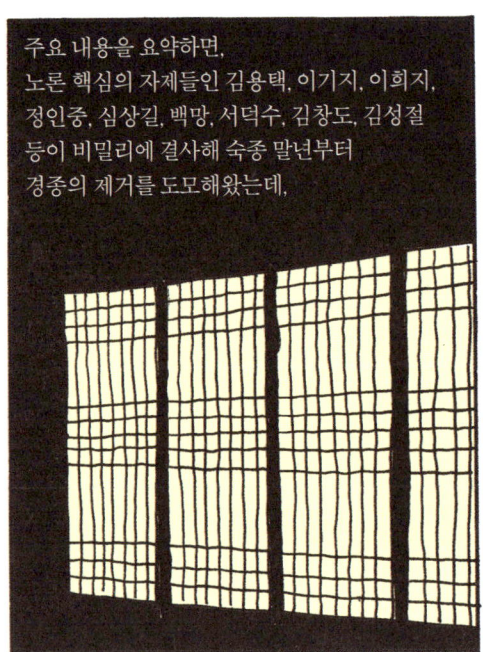

궁인을 시켜 독살하는 소급수,

폐위 교지를 가짜로 지어 대궐을 봉쇄하고 폐출시킨다는 평지수, 이렇게 삼수를 모색했다는 것이다.

목호룡은 남인 서얼 출신으로 풍수설에 능해 그들과 인연을 맺었다.

백망을 소개시킨 것도 그였지만, 시간이 지나면서 그들로부터 의심을 사게 되었다.

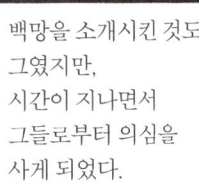

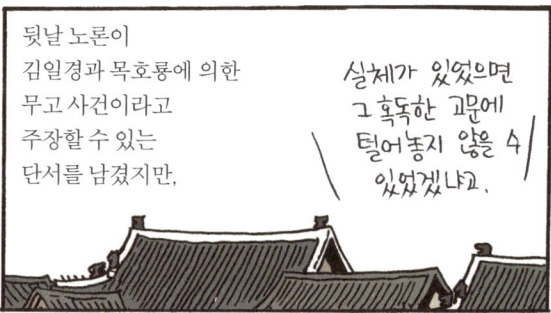

상당히 신빙성 있는 진술들도 많이 나왔다. 몇 가지만 살펴보자.

지난해 11월, 장세상이 이 소훈에게 독약을 시험했고 약을 더 쓸 곳이 있다고 말했습니다.

이정식

서덕수가 독약 쓰는 일을 위해 은자를 구하자 조흡에게서 구해주었습니다. 진행되는 대강의 일들을 김창집, 이이명도 알고 있었습니다.

김창도

지난 해 5월 장세상과 소훈 독살을 상의했고 독약은 장씨 성의 역관에게 사서 동궁 주방 나인에게 주어 음식에 섞게 했습니다.

서덕수

정우관의 말을 들으니 이이명이 독약을 사 와서 서덕수에게 주고 또 이기지, 이천기 무리에게도 주었다고 했습니다.

이헌

장씨 성의 역관이 독약을 사와서 김씨 성의 궁인에게 전해 전하께 한 차례 시험했으나 곧바로 토하시어 실패했습니다.

김성절

진술의 어디까지가 진실인지 알기란 어렵지만, 이들이 숙종 말년부터 활동해왔다는 것과

노론을 위하여!

경종 제거(또는 폐위)가 목표였던 것만은 분명해 보인다.

실제로 뒤에 영조도 이런 말로 이를 뒷받침한 적이 있다.

어느 날 서덕수가 찾아와서는 자신들이 나를 위해 도모하고 있으니 알고 있으라더군.

백망에 의한 대급수 계획은 김용택이 선물로 준 단도를 찾아내 입증되었다고 수사 주체 측에서는 주장했지만,

가짜 폐위 교지를 만들어 폐위시키려 했다는 평지수 전략과 함께 단지 논의된 정도에 그친 것으로 보인다.

그러나 앞의 진술들에서 보듯 독살이라는 소급수는 상당히 준비되고 추진했던 일인 듯하다.

조선 전기만 해도 맹독이 없었던 모양. 《실록》에는 죄인을 사사할 때 이런 장면들이 제법 보인다.

다만 김씨 궁인이 누군지는 끝내 밝혀지지 않았다.

대전에 김씨 궁인이 너무 많아 알 수가 없다.

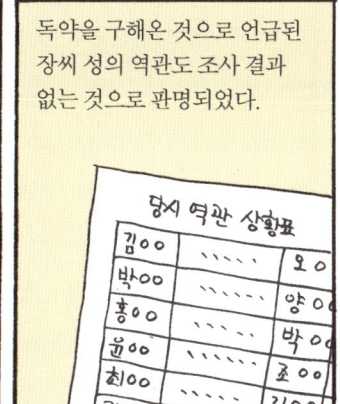

독약을 구해온 것으로 언급된 장씨 성의 역관도 조사 결과 없는 것으로 판명되었다.

이 소훈, 김씨 궁인, 장씨 성 역관의 일은 이후 노론이 무고를 주장하는 강력한 근거가 되었죠.

김일경 등 준론은 이 일을 계기로 노론의 우두머리 격인 4대신을 향해 공격을 집중했다.

몰래 조영복을 사주해 시험해본 다음 상소를 했고 조정에서 호소하던 일(대리청정의 명을 거둘 것을 청하던)의 중지를 유도하고 연명으로 차자를 올렸습니다. 그리고 이번의 역모에도 그들의 자제들이 얼기설기 얽혀 있나이다.

저 4흉을 법에 따라 처단하소서!

결국 청은 받아들여져 김창집, 이이명을 시작으로

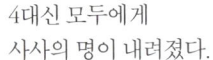
4대신 모두에게 사사의 명이 내려졌다.

김창집은 김수항의 아들,

아비의 유언을 좇아 (제14권 106쪽 참조) 벼슬을 멀리한 아우들인 김창협, 김창흡은 학문으로 일가를 이루지만,

벼슬길에 나서서 영화를 누린 김창집은 아비의 우려대로 불행한 최후를 맞았다.

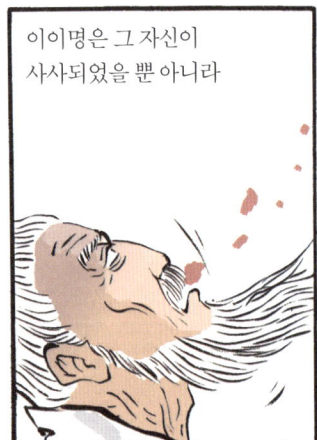
이이명은 그 자신이 사사되었을 뿐 아니라

자식, 조카 들까지 삼수역에 참여하여 처형되는 등 멸문의 위기에 빠졌다.

이에 이이명의 아내는 꾀를 내어

"안 되겠니?"

형제

하물며 형제간임에랴?' 하겠지만,
조선왕조사의 형제 승계 사례들을 보면
생각만큼 살벌하지는 않다.

연산-중종은 반정에 의한 특수 사례.

어쨌든 너는 내가 우애를 발휘해 살려두었으니 임금이 된 줄 알아.

그리고 경종-영조다.

그러고 보니 정종-태종을 제외하곤 모두 이복형제들이네.

그 어느 사례보다 우애가 많이 거론되는 경종-영조. 과연 그러한가? 세자, 왕자 시절부터 사실상의 정적 관계였던 둘이다.

부왕의 사랑은 동생의 몫이었고,

소론이 미는 세자.

노론이 미는 왕자.

즉위를 했더니 노론 인사들이 노골적으로 동생에게 모든 걸 넘기도록 압박해왔다.

박상검, 문유도의 일을 가지고 동생이 보인 행동은 사실상 정치투쟁이 아니었던가.

그리고 목호룡의 고변이 나왔다.

역도는 자신을 제거하고 동생을 옹립하려 했다.

그뿐인가. 세제의 처소까를 비롯한 측근들이 핵심으로 참여했어. 용서하기 힘든 상황!!

사실상 역모의 수괴로 거론된 세제. 앞서처럼 정면 돌파를 꾀하는 건 화약을 지고 불구덩이로 뛰어드는 격이다.

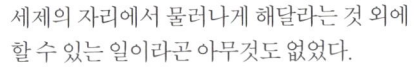
세제의 자리에서 물러나게 해달라는 것 외에 할 수 있는 일이라곤 아무것도 없었다.

신이 어찌 이 이상 세제의 자리에 머물러 있을 수 있겠나이까?

세제는 끝내 보전되었고, 폐세제되지도 않았다. 사람들은 이렇게 생각했고,

성상의 우애가 깊으시어...

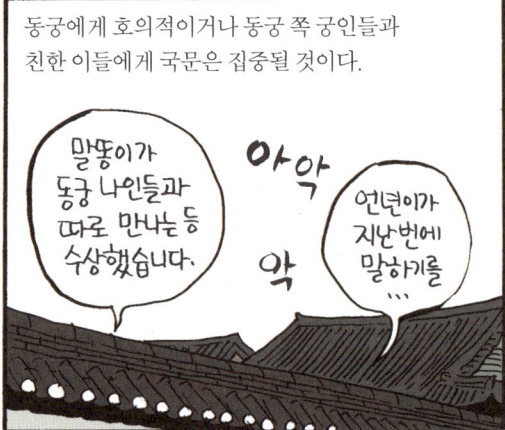

그럴 경우 실체가 있든 없든 최종 타깃은 동궁이 될 수밖에 없었으리라.

결코 예쁘지도 마음에 들지도 않는 동생이었지만, 왕은 옥사 확대에 응하지 않음으로써 그럴 위험을 막았다.

김씨 궁인을...

됐다니깐.

지금 세제를 내쳐버리면 종사는 어찌한단 말인가?

미우나 고우나 지금 왕실엔 세제와 나뿐이다.

왕은 사적인 감정을 누르고 대계를 택했다.
어쩌면 진정한 우애인지도 모르겠다.

경종 3년 여름, 몇 달 동안 크게 아팠던 왕은

이듬해 여름, 다시 병석에 누웠다.

사관은 경종의 병을 이렇게 적고 있다.

동궁에 있을 때부터 걱정과 두려움이 쌓여 형용키 어려운 병을 이루었고 해를 넘길수록 깊은 고질이 되었다. 더운 열기가 위로 올라와 때로는 혼미한 증상도 있었다.

제1장 거대한 그늘을 남긴 경종 4년 63

원릉

출생은 다소 미천했으나 조선의 역대 왕들 중 가장 오래 살고 가장 긴 시간을 왕으로 있었던 영조와 그의 계비인 정순왕후 김씨의 능. 경기도 구리시 동구릉 안에 있다.

제2장

신원에서
탕평으로

노론 임금, 소론 정권

살아남았다.

역모에 개입되고도 살아남는 경우란 드물지만,

살아남았을 뿐 아니라 보위까지 이었다.

지난 4년, 자신을 둘러싼 정치 세력들에 대한 새 임금 영조의 판단은 이랬다.

얼마나 위태로운 날들이었던가?

김일경의 무리는 기어코 나를 제거하려 들었고

조태구 등은 나를 구하는 척 했지만 실은 수수방관했다.

4대신이나 김용택 등은 나를 위한다고 하다가 죽어갔지만 실상은 자기들 욕심을 위해서였지.

* 저위(儲位): 왕세자의 자리.
* 교목세가(喬木世家): 여러 대에 걸쳐 중요한 벼슬을 지내거나 특권을 누려온 집안.

이의연의 유배를 명한 다음 날, 사학 유생 이봉명이 김일경의 토죄를 청하는 소를 올리자

아! 조정은 성상의 조정이건만 역적 김일경의 조정이 되고 말았고 삼사 또한 김일경의 삼사가 되었으니...

기다렸다는 듯 김일경의 삭출을 명하며 이렇게 덧붙였다.

이의연의 도배를 명하고 또 김일경을 삭출한 것은 붕당을 타파하고 강상을 중히 여기기 때문이다.

일개 유생과 재상을 한급에...

마치 선전 포고를 알리는 신호탄 같아

그랬다. 신호탄이었다. 영의정 이광좌가 이의연의 국문을 청하자

허락하오.

그리고 김일경도 국문하라.

김일경의 표면적인 혐의는 그가 지은 교문에서 사용된 몇 가지 표현들.

懷刃鍾巫
회인종무

蹀血禁庭
접혈금정

종무는 노나라 환공이 은공을 시해한 일, 접혈은 당 태종이 형을 시해한 일을 뜻합니다. 모두 형제간의 살육과 관련된 표현이죠.

아첨 잘하는 자를 배척하면서 '지록위마'를 인용했다고 모두 그 임금을 이세에 비유했다는 죄를 주었습니까?

*지록위마(指鹿爲馬): 사슴을 가리켜 말이라고 한다는 뜻으로, 진나라 환관 고조가 권세를 부리며 이세황제인 호해를 농락한 일을 뜻한다.

* 환첩(宦妾): 환관과 궁첩.
* 처참(處斬): 참형(목을 베는 형)에 처함.

노론은 복수를

*공동(恐動): 위험한 말로 두려워하게 만듦.
*명호(名號): 지위를 나타내는 이름.

* 횡역(橫逆): 이치에 어긋남.
* 찬역(簒逆): 임금의 자리를 빼앗으려고 반역을 일으킴.

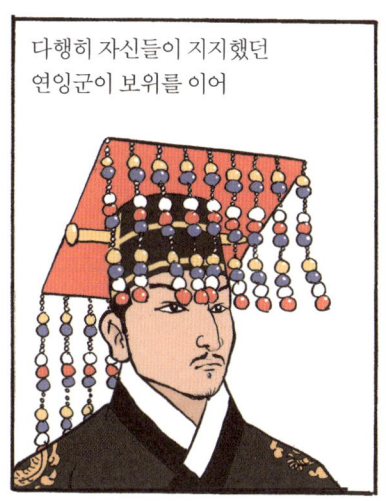

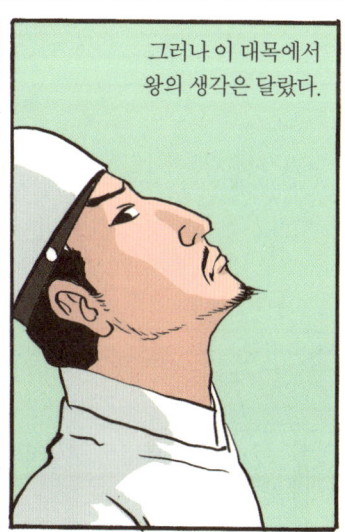

왕은 탕평을

왕은 세제 시절부터 탕평에 뜻을 두어왔다.

탕평!《서경》의 다음 구절에서 나온 말이다.
無偏無黨 王道蕩蕩
無黨無偏 王道平平
치우침도 없고 무리 지음도 없으면 왕도가 탕탕평평해질 것이라는 뜻입니다.

이 말이 본격적으로 사용되기 시작한 것은 숙종 때부터였는데

특히 박세채는 탕평 인사를 적극 주장하기도 했다.

당들이 임금의 뜻보다 당론을 앞세우고

사생결단식 싸움을 하게 되면 왕권은 약화되게 마련.

이에 부왕 숙종은 환국이라는 방식을 써서 일진일퇴를 시키면서 왕권을 키웠다.

언뜻 성공적인 전략으로 보였지만, 실상은 그렇지 않았다.

본래 군신관계는 이보다도

훨씬 더 일방적인 주문이 통하는 관계다.

오직 무조건적인 충성만이 신하의 몫인데, 보라! 소론과 노론이 서로 다른 이를 미는 이른바 택군(擇君) 현상이 벌어지지 않았는가?

노론은 설득되지 않았다.

같은 주장이 몇 달이고 계속되었다.

제2장 신원에서 탕평으로

환국 대신 탕평을 택한 왕이 다시 환국이라는 비상수단을 쓴 것이다.(정미환국)

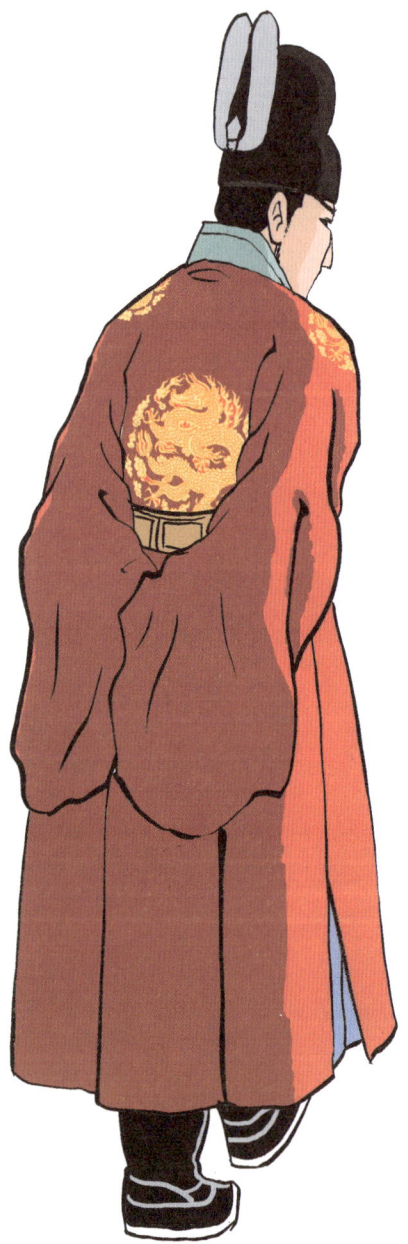

대리, 건저의 정당성을 부정하고 삼수의 역을 인정함으로써

자기 자신에 대한 신원까지도 포기한 결단이다.

제대로 된 탕평을 위한 일 보 후퇴요, 제대로 된 자기 신원을 위한 십 보 후퇴였음을 신하들은 몰랐다.

이인좌의 난(무신란)

안성에서 이인좌는 관군과 만나지만 오판을 한다.

이인좌의 군대는 횃불을 밝히고 포성을 울리며 달려들었다.

이윽고 사정거리 안에 들어오자 관군의 포와 신기전이 일제히 불을 뿜었다.

다음 날 죽산, 여전히 반군은 들판에 성대하게 장막을 치고 소를 잡아 술과 함께 먹이며 군사들을 독려하고 있었다.

그러나 한 번 꺾인 기세는 되살아나지 못했으니

둥둥둥둥

관군이 달려들자

와

그대로 무너지고 말았다.

모두 들으라! 사로잡은 자에겐 상이 있겠지만 목을 베어 온 자에겐 상을 주지 않겠다!

경상도의 이웅보와 정희량 등이 거사해 안음, 거창, 합천을 한때 장악했지만,

이미 이인좌 군대의 패배로 대세가 기운 상황. 관군의 협공을 받아 무너지면서 난은 평정되었다.

이 일로 주모자의 직계 가족을 비롯해 적극 참여자 등 수백 명이 처형되어 소론 준론과 남인은 치명적인 타격을 입었다.

토벌 영웅 오명항은 열렬한 환영을 받으며 개선했다.

이어 원훈에 책봉되고 우의정에 제수되었지만

몇 달 뒤 숨을 거두어 왕을 슬프게 했다.

탕평의 길

왕은 반란의 규모와 그들의 주장에 충격을 받았다.

평범한 지도자라면 이렇게 즉물적인 대응을 보였겠지만,

"이것들이! 내가 그렇게 탕평을 위해 애쓰고 있는데 뒤통수를 쳐?"

"그래, 해보자. 아주 뿌리를 뽑아 주마."

그는 오히려 탕평 강화로 나아갔다.

"민심을 얻지 못하면 내 힘으로 신원하는 것이 무슨 소용이랴?"

전후에 붕당을 타파하라고 분부한 것이 한두 번이 아니었는데 점점 더하여 과연 대역이 일어나 종사의 위태로움이 터럭 한 올에 달려 있는 것처럼 되었다.
역(逆)자를 파차에 서로 씌워 집을 버리고 친족을 원망하며 감히 반역할 적를 일으키니 그 근본 원인을 규명한다면 어찌 당론이 아니겠는가?

* 패자(悖子): 도리에 어긋나게 행동하는 자식.
* 역손(逆孫): 반역행위를 한 자손.

민망해진 이광좌가 항변했지만 무시하고

대리의 전후에 보인 저들의 행동이 역이 아니라 하겠나이까?

됐소!

마침내 반충 반역의 입장에 따라 새로이 처분을 내리니, 이를 기유처분이라 이른다.

대리나 건저는 옛날에도 있었는데 어찌 이를 당론에 넣을 수 있겠는가?

소론은 노론이 경종께 딴마음이 있다고 여겼고, 노론은 소론이 경종을 위하는 것이 뒷날의 처지를 마련하기 위함이라고 보았다.

당론을 조정하려면 탕평밖에 다른 계책이 없음을 과인은 동궁에 있을 때부터 생각해왔다.

을사년엔 앞서의 참혹함을 바로잡으려다 지나침을 면치 못했고 정미년엔 내가 진실로 잘못했다.

김창집과 이이명은 그의 손자와 아들이 역적의 공초에 나왔으므로 앞서 추탈한 대로 하고 이건명과 조태채는 관작을 복구함이 옳다!

홍치중을 설득하는 한편

탕평비

탕평의 실현에 골몰했던 영조가 사도세자의 성균관 입학에 즈음하여 세웠다 한다.
두루 친하되 편당하지 않는 게 군자이고, 편당만 짓고 두루 친하지 않은 게 소인이라는 내용이다.
서울시 종로구 명륜동 성균관대학교 안에 있다.

제3장

탕평에서
신원으로

토적이냐, 탕평이냐?

영조 9년 1월, 왕은 소론과 노론의
수장인 이광좌와 민진원을 불렀다.

서덕수의 일, 박상검의 일 등 자신만이
알고 있던 사실들을 말하고

요지는 노론, 소론에 모두 역이 있다는.

눈물로 호소했다.

내 마음은 얼음처럼 깨끗하오. 황형께 후사가 있었다면 나는 본래의 뜻을 지키며 분수대로 산야에 살았을 것이오.

경종께서 시종 나를 보호했으니 이는 역사에 드문 일이오. 원컨대 경들은 부디 옛 버릇을 잊어버리고 한 마음을 갖도록 하오.

이어 앞으로 불러
두 신하의 손을
서로 마주잡게까지
했으나

소용이 없었다. 민진원은 곧 소를 올려 양쪽 모두 역이 있다는 왕의 말을 반박했다.

영조 8년, 탕평파의 양쪽 수장인 홍치중, 조문명이 죽었다.

영조 12년에는 탕평 반대론자인 노론 수장 정호, 민진원이 죽었다.

이어서 노론 쪽 수장으로 떠오른 이는 김재로.

홍치중보다는 강경파이고 민진원보다는 온건파라 할 수 있지.

왕은 다시 김재로와 이광좌를 불러 손을 맞잡게 하고 화해를 호소했지만,

김재로 역시 거부했다.

그때마다 신하들은 '지나친 거조'를 거두어줄 것을 청하며 다시는 당습을 하지 않겠노라고 약속하고는 했다.

영조 15년 1월, 왕의 지나친 거조는 한 걸음 더 나아간다.

아! 내가 즉위한 지 15년이 되었도다. 덕은 백성에게 미치지 못하고 명령은 신하를 따르게 하지 못하니 이 자리를 세자에게 넘기려 한다.

이 무슨 거조이시옵니까? 세자의 보령이 이제 겨우 다섯이옵니다.

명을 거두어 주소서!

지난 15년을 돌아보니 이룬 것이 없다. 효장세자가 살아 있었다면 나는 벌써 상왕이 되었을 것이다.

영의정 이광좌가 달려와 관을 벗고 머리를 땅에 두드리며 만류하고서야

쿵 쿵

명을 거두었다. 왕은 자신이 왕위에 아무런 욕심이 없었다는 점을 말하고 싶었다. 그리고…….

군무신설(君誣伸雪)

노론의 끝없는 토적 주장에

왕은 지나치다 싶을 때면 유배의 명을 내렸지만

강력히 막지는 않았다. 그 때문에 소론은 점점 수세에 빠지게 되었다.

조정의 주요 상층부는 여전히 쌍거호대의 원칙에 따라 균형을 이루고 있었지만,

하부와 전반적인 분위기는 어느덧 노론이 우세를 보이게 되었다.

왕은 이제 그토록 기다려온 때가 가까웠음을 느꼈다.

＊군무신설(君誣伸雪) : 임금이 받은 무함을 풀고 부끄러움을 씻다.

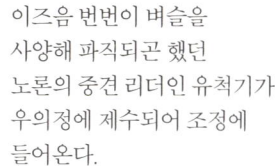
이즈음 번번이 벼슬을 사양해 파직되곤 했던 노론의 중견 리더인 유척기가 우의정에 제수되어 조정에 들어온다.

상황을 살피던 그가 김창집과 이이명의 신설을 청하는 소를 올렸다.

전하의 의중에 뭔가 변화가 있는 듯해서.

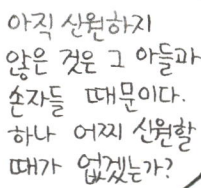
아직 신원하지 않은 것은 그 아들과 손자들 때문이다. 하나 어찌 신원할 때가 없겠는가?

……라고 답하더니

얼마 지나지 않아 신원의 명을 내린다.

김창집과 이이명의 죄는 대리를 연차한 일(대리 관련 연명으로 차자를 올린 일)인데 그 임금을 섬기는 마음이 있는 신하라면 어떻게 시비를 다툴 수 있겠는가? 특별히 복관을 명한다.

송인명과 조현명이 기유처분을 들어 반대했지만,

성상께서 고쳐 처분하시려면 다시 상고하시어 그들의 아들, 손자의 죄를 용서하신 다음에라야 이 일을 의논할 수 있을 것이옵니다.

가볍게 무시해버린다.

당초 아들과 손자에 관한 하교를 한 것이 사실 구차한 일이었다.

왕의 태도 변화를 본 노론은 삼수의 역에 대해서도 들고 나왔다.

소극적 반대!

왕이 자신들과 뜻을 같이한다고 여긴 유척기와 삼사는 예의 주장을 폈다가

혼나기도 했다.

112 박시백의 조선왕조실록 15

얼마 뒤 왕은 숙종의 진전 앞에 거적을 깔고 엎드렸다.

내가 당론을 조절하지 못하므로 성고(聖考)께 하직하고 물러나려 한다.

전하! 신들을 벌하시고 명을 거두어주소서!

이리하여도 당론을 하는 자는 무거운 율로 다스리소서.

대비의 만류를 명분으로 명을 거두었는데, 당론을 핑계 삼았지만 사실은 사전에 소론 신하들의 입을 막기 위한 정치 쇼였다.

하늘이 도우려는지 이튿날에는 이광좌가 죽었다.

아! 영상의 충성은 과인이 깊이 아는 바이다.

상대적 강경파인 이광좌가 사라지자 소론은 이제 탕평론자들만 남았다.

게다가 노론이 이미 다수고…

＊성고(聖考): 임금의 돌아가신 아버지.

왕의 의중을 읽은 원경하가 청했다.

"임인년의 옥안을 보았더니 제목은 삼수역안이라 쓰여 있고 그 내용을 보니 불측하기 이를 데 없었나이다.

이 옥안은 한시라도 천지 사이에 둘 수 없사옵니다."

"진실로 옳은 말이다. 죄다 말하라."

"김용택, 이천기 등이 불령한 무리이긴 하나 거짓으로 승복하고 죽은 것은 참으로 억울한 일이옵니다."

"옳은 말이다. 김성절, 조흡 등은 참으로 변변치 못하나 형벌을 견디지 못해 거짓 승복을 했을 것이다. 김용택을 역적으로 여긴다면 이른바 그가 추대하려 한 이가 누구인가? (내가 아니더냐?)"

왕은 삼수역안의 완전 폐기를 원했다.

여기에 반기를 든 이는 조현명.

"신은 당초 이를 무옥으로 의심했었는데 을사년(영조 1)에 옥안을 보았더니 이천기, 김용택 등 무뢰한 자들과 체결하고 음흉한 짓을 한 정상이 실로 낭자했었습니다."

마침내 삼수역안을 불살라버린다.

이어 관련자들을 신원하는 후속 조치를 취했다.

김용택, 심상길 등 누인을 제외하고 나머지는 모두 을사년의 처리에 의거해 신원토록 한다.

17년을 돌고 돌아서 마침내 을사년으로 복귀한 것이다.

자기 신원, 즉 군무신원도 이루어진 셈.

을사년으로의 복귀지만 을사년과는 중대한 차이가 있지.

그때는 나와 노론의 일방적인 결정이었지만, 이번은 소론의 동의 아래 내린 결정이라는 사실!

물론 여전히 성에 다 차지는 않았다. 어느 날 왕은 이런 말로 조현명의 주장에 대해 섭섭함을 드러냈다.

내 생각엔 경자년(경종 즉위년) 이전이라도 삼종(효종, 현종, 숙종)의 혈맥을 위해서였다면 이는 충성이고 그 이후였대도 당심이 있었다면 이는 불경이라 여긴다.

경자년 이전이라면 세자인 경종을 두고 왕자인 연잉군에게 충성한 것을 어찌 충성이라 하랴?

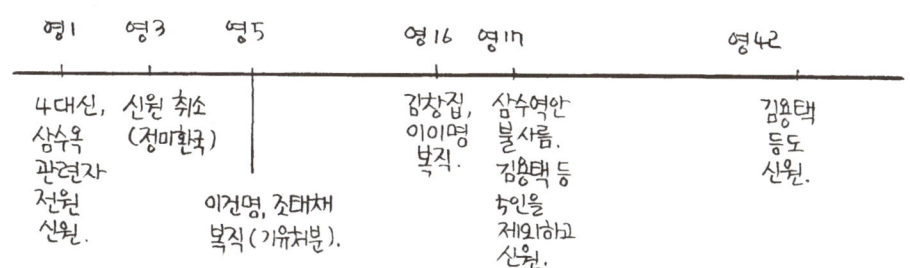

끝까지 영조를 거부한 이들

시종 탕평을 내세우며 노력했건만

민심은 쉽게 영조를 받아들이지 않았다.

잊을 만하면 괘서 사건이 생기고

역모 사건이 뒤따랐다.

특기할 만한 역모 사건들은 대부분 무신년 세력과 관련이 있었다.

영조 4년 효장세자가 갑자기 죽었는데, 의원들도 영문을 몰라 했다.

그즈음 화순옹주가 하혈한 일도 있었다.

두 가지 일이 한 여인의 독약 투여로 인한 것임은 영조 6년에야 드러난다.

궁궐에 불을 지르고 우왕좌왕하는 사이 난입해 일을 이루려 했다.

고전적인 저주 수법과 독살도 함께 추진했다. 순정에게 저주물과 독약을 보낸 것도 바로 이들이었다.

순정과 그녀에게 독약 등을 전한 박도창의 본심은 이랬다나.

복수도 복수지만 이 사내의 재산이 탐나서리...

역모도 역모지만 이 계집의 미모가...

무신년 당시 박필현에게 성문을 열어주지 않았던 정사효.

그 자신은 물론 아들과 처가 쪽 사람들까지 대거 역모에 끌어들였는데,

*물고(物故): 죄인이 조사받거나 형을 받는 중에 죽음.

껍데기만 남은 탕평

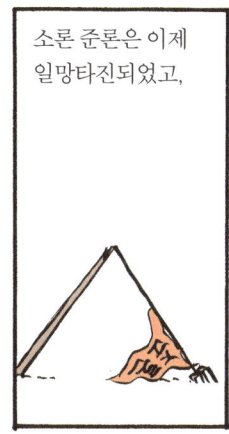

소론 준론은 이제 일망타진되었고,

남은 소론은 소를 올려 보전을 빌어야 했다.

신들에게 새롭게 되는 길을 열어 주시옵소서.

암행어사로 유명한 박문수는 영조의 세제 시절 시강원 관원 출신.

옥사 과정에 그의 이름이 나왔다.

그럴 리 없다는 걸 안다, 경은 안심하라.

왕이 여전한 신임을 보여주었지만, 이후 그는 속죄의 뜻으로 물러나 세수도 빗질도 하지 않으며 생활했다.

이제 완연한 노론 천하.

훗! 탕평이라 쓰고 노론 정권이라 읽는다.

제3장 탕평에서 신원으로

그렇게 득세한 노론에게 경고를 하고 왕은 여전히 탕평의 기치를 움켜잡았다.

이제 탕평은 노론을 제어하는 무기로 변했다.

비록 탕평이 노론 정권으로 귀결되고 말았지만, 왕은 크게 우려하지 않았다.

30년이 넘는 재위 기간,

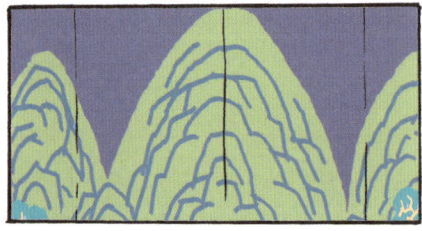

영민한 판단력과 노련한 정치력,

자기 신원을 통해 정통성 문제까지 극복한 왕이다.

사도세자(장헌세자)의 장인으로 혜경궁 홍씨의 아비인 그는

딸이 세자빈에 봉해질 때까지만 해도 과거에 급제하지 못한 채 음서로 종9품인 세마에 불과했다.

그러나 불과 7년 뒤에 어영대장에 오를 만큼 초고속 승진을 거듭해 최강 실세로 자리 잡아갔다.

영조 33년, 중전인 정성왕후가 죽자

영조 35년 66세의 왕은 15세의 어린 신부를 새로 맞아들이니 이가 곧 정순왕후다.

이후 중전의 아비 김한구와 그의 아들 김귀주도 총애를 받으며 급격히 세를 키웠다.

말년에는 화완옹주의 양아들 정후겸이 또 크게 신임을 얻었다.

왕의 바람대로 이들은 당론보다 왕의 뜻을 앞세웠다.

그러나 권력이 커지면 권력 자체의 생리대로 움직이게 마련.

아직도 배가 고파~~

힘을 키운 척신들끼리 손을 잡거나

동지!

쟁투를 벌여가며 더 큰 권력을 향해 나아갔다.

빠 악

여기에 왕의 노쇠함까지 겹치면서 조정은 척신들이 좌우하게 되고 말았다.

탕평

아직도 탕평기는 휘날리는걸.

탕평이라 쓰여 있지만 척신천하라 읽지.

육상궁
영조가 생모인 숙빈 최씨를 기리기 위해 지은 사당인데, 이후 효장세자를 낳은 정빈 이씨의 신위도 함께 모셔져 있다. 사진의 현판은 정빈 이씨의 사당임을 말해주는데, 그 안쪽으로 육상궁이란 현판도 걸려 있다. 영조는 한 달에 한 번 이상씩 평생 동안 이곳을 찾았다. 서울시 종로구 궁정동 소재.

제4장

영조 52년

성실한 유학 군주

신하들이 상대하기 힘들 만큼
그의 학문 수준은 높았고,

저작물도 많이
남겼다.

유교 나라 조선의 왕들에게 정사를
돌보는 일 못지않게 중요한 일은
제사 등 조상을 받드는 일이다.

왕은 각종 제사에도
대단한 열성을 보였다.

매달 한 번 이상 모친인 숙빈 최씨의
사당을 찾았고,

종묘 제사를 비롯한
각종 제사를
직접 행했다.

능행도 잦았다.

단종 능을 보수했고,

단군 능, 삼국의 시조 능, 고려 왕들의 능도 보수하고 관리했다.

검소를 숭상했고,

늘 백성을 위한 정치를 주창했다. 실제로 왕은 백성을 직접 만나서 그들의 소리를 들은 적도 많았다.

세제가 되기 전 10여 년을 사저에서 생활한 것에 대해 자부심을 가졌으며,

백성의 어려움을 더는 정치를 위해 애썼다.

이렇듯 사대부들보다 더 유학자의 모습에 충실한 그였지만,

한 가지 일에서는 그러지 못했다. 아니, 그러지 않았다. 언론 활동에 대해서다.

자신의 뜻에 반대하거나 자신을 비판하는 상소나 의견에 대해 왕은 종종 예의 그 '지나친 거조'를 보였다.

유학 군주의 모습을 완벽히 갖추는 것보다 강력한 왕권을 구축하는 것이 우선이었기 때문이다.

정치적인, 너무나 정치적인

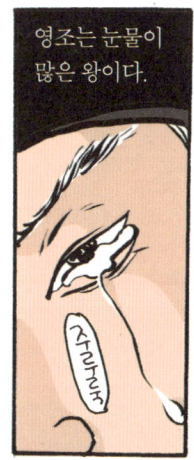

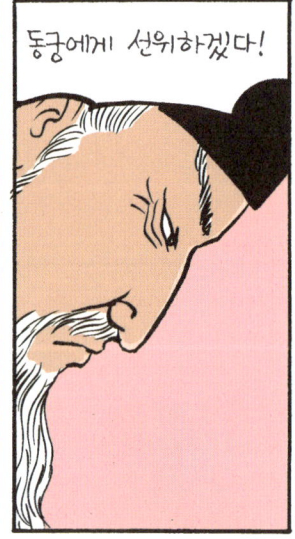

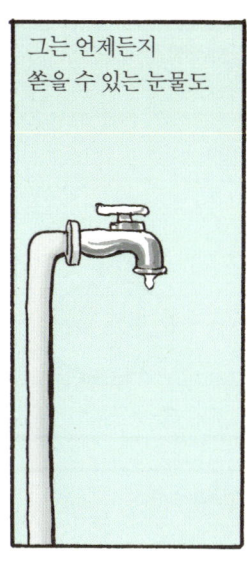

눈물 바람과 분기탱천의 와중에도 그의 머릿속은 정치적 계산으로 바빴다는 이야기다.

취약한 정통성이란 멍에를 지고 시작한 임금 노릇.

비정상적인 건저와 대리가 있었고

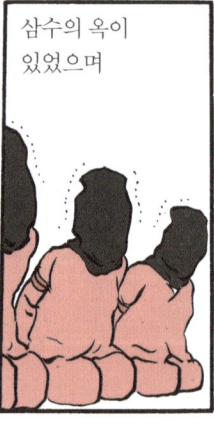
삼수의 옥이 있었으며

독살설이 떠올랐다.

천한 무수리의 자식이란 꼬리표까지, 이 모든 걸 떼고 임금다운 임금으로 인정받기 위해

본심을 숨겨 노론을 벌하고

눈물과 지나친 거조로 신하들을 설득하고 압박하며

오랜 시간을 기다려 자기 신원을 이룬 그다.

남긴 업적들

영조는 조선의 역대 왕들 중 가장 오래 살았고, 또 가장 오래 왕위에 있었다.
자질도 우수했고, 시작한 일은 끝을 보는 등 자세도 훌륭해서 여러 업적을 남겼다.

첫 번째 업적은 역시 탕평이라 하겠다.

영조는 신하들에게 여러 번 이런 말을 했다.

내가 아니었으면 경들은 살아남지 못했을 것이다.

*족징(族徵): 군역을 피해 도망간 사람을 대신해 그의 일가붙이에게 군포를 물리던 일.
*인징(隣徵): 죽거나 군역을 피해 도망간 사람을 대신해 그의 이웃에게 군포를 물리던 일.

신설도 금했다.
금지령 이후에 건립한 것이 발각되면
해당 수령은 물론 감사까지 벌했다.

이렇듯 오랜 병폐인 양역, 절수, 서원에 대해
상당한 개혁을 단행했다.

가혹한 형벌을 완화하는 데에도 관심을 쏟아

압슬형,

낙형,

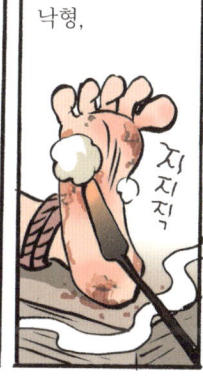

자자형을 없앴다.

지방 수령들의 형벌 남용을 막는 데도 주위를 돌렸다.

《경국대전》을 손질하고 변화된 법들을 반영한 《속대전》을 편찬토록 했고,

왕과 가족

인원왕후는 숙종의 세 번째 비로, 영조 즉위 때 대비였다.

그녀는 세제 책봉 때 명분을 제공해주었고,

효종대왕과 선대왕의 혈맥으론 주상 외에는 연잉군 뿐!

영조가 즉위할 때까지 유일하게 바람막이가 되어준 인물.

에마마마마마

남우세스럽소 세제.

이에 즉위 후 왕은 마치 신하가 임금을 대하듯 극진한 예로 그녀를 모셨다.

참말로 부담시럽고로

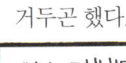

영조는 부인을 둘 두었다.
첫 번째는 정성왕후 서씨.

처조카인 서덕수가 자신을 곤란하게 만든 때문인지,
그녀를 그다지 아꼈던 것 같지는 않다.

"그녀가 죽은 날엔 사위 정치달(화완 옹주의 남편)도 죽었는데 신하들의 만류를 뿌리치고 화완 옹주의 집으로 달려갔더랬죠."

둘째 부인은 정성왕후가 죽고 나서 66세에 얻은 정순왕후 김씨.

"그때 내 나이는 겨우 열다섯. 손녀 뻘이었지"

어렸지만 그녀는 처신이 뛰어났고,

"저희 친정 식구들을 우대하시는 건 옳지 않사옵니다."

"응"

그런 그녀를 왕은 높이 샀다.

"훌륭도 하여라"

아들은 둘을 두었는데, 독살된 효장세자와 사도세자였다.

영조의 지극한 사랑은 딸들, 특히 화순옹주, 화평옹주, 화완옹주를 향했다.

장녀 화순옹주는 월성위 김한신에게 출가했는데, 둘의 부부애가 각별했다.

그러나 남편이 먼저 세상을 떴고,

옹주는 따라 죽을 결심을 했다. 음식은 물론 물까지도 일체 입에 대지 않았다.

소식을 들은 왕이 달려와 강권하자

마지못해 조금 들이켰지만, 이내 토하고 말았다.

그녀는 금식 14일 만에 세상을 떴다.

숱하게 사저를 찾았을 만큼 사랑했던 화평옹주.

그녀가 죽자 장례를 위해 파주의 민가 100여 채를 사들여 묘역을 조성했다.

"평소 그렇게 검소를 부르짖으셨지만 자식 사랑 앞에선 소용 없구나."

이어 사랑을 독차지한 이는 화완옹주.

그녀에 대한 사랑은 그녀의 양자인 정후겸에 대한 총애로 이어져 문제를 낳았다.

이렇듯 왕은 여느 임금들과는 달리 제도와 규례에 얽매이지 않고 자식에 대한 사랑을 표현했다.

"출궁한 옹주의 사저도 납시면 아니 되옵니다."

"시꺼!"

그러나 누구보다도 우선 사랑해야 할 세자에 대해서는 달랐으니…….

창경궁 문정전
이곳에서 사도세자의 비극이 일어났다. 당시 영조는 편전인 이곳에 정성왕후 서씨의 위패를 모시고는 휘령전이라 명하며 임시 혼전으로 쓰고 있었다.

제5장

사도세자의 비극

왕실의 희망

신하들도 감격했다.

왕은 태어난 그날로 아기에게 원자의 명호를 내리고,

이듬해 세자에 책봉한다.

아기 세자는 몸집도 컸고 총명했다. 왕은 대신들 앞에서 글씨를 쓰게 하거나

팔불출 소리를 들을 만큼 자랑도 종종 했다.

세자 나이 다섯 살, 여섯 살 때 연거푸
선위 소동을 일으키긴 했지만,

주강에 가끔 나오게 하여 글을 읽어보게 하고는
칭찬하는 장면이 제법 있다.

그러나 세자를 향한 왕의
각별한 사랑이

식기 시작했다.

뭘 해도 마냥 귀여운 어린 시절은 가고,
본격적인 세자 수업이 시작된 이후다.

열 살의 세자에게 왕이 물었다.

비록 정직함을 칭찬했지만, 왕은 사실 공부를 싫어하는 세자에게 실망을 느꼈다.

영조 23년에 세자가 글 읽기에 흥미 없음을 고백하는 장면이 보이고,

질책하는 장면들은 세자 나이 열넷이 되는 영조 24년부터 등장하기 시작한다.

세자의 기질에 대해 못마땅해 함을 드러내는 장면이다.

아마도 이런 생각에서였을 것이다.

제5장 사도세자의 비극

대리청정

＊원량(元良): 황태자나 왕세자를 이르는 말.

넷째, 세자는 기품이 뛰어나지만 뒷날 어떤 행동을 할지 알 수 없기 때문에 내가 살아 있을 때 벼려 한다.

다섯째, 원량이 시국과 관련한 편벽한 상소를 알 수 있겠는가? 그 기반을 세우려 함이다.

신하들이 눈물로 만류하고

세자도 엎드려 호소했다.

동궁께오선 지금 공부가 급하신데 어찌 국사를 맡겨 방해를 하려 하십니까?

뜻을 거두어 주사옵소서!

여러 사람의 뜻이 이와 같으니··· 하면, 대리청정은 어떤가?

그것도 결코 아니 되옵니다.

그래? 그럼 그냥 선위하지 뭐.

대리를 시작하면서 질책이 많아졌다.

숙종이 대리청정을 하는 경종에게 한마디 했다가 소론 신하의 반발을 부른 데서 알 수 있듯이(제14권 176쪽 참조)

내가 무슨… 부자의 정리로 그런 말도 못 하느냐?

왕의 가르침은 가급적 세자의 위신을 깎지 않는 방향으로 행해지는 게 상례.

그러나 영조는 그러지 않았다. 영조 28년 12월, 다시 선위 소동이 있었다.

대소 공무를 모두 동궁으로 들여보내어라.

세자와 신하들이 극력 만류했으나

하명을 거두어 주십시오.

들지 않은 채 여러 날이 지났다.

거두어주시옵소서!

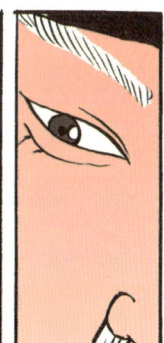

제5장 사도세자의 비극 173

다행히 세자는 시 읽기가 끝나기 전에 눈물을 쏟았다.

왕은 그 후로도 며칠 더 변덕과 심술을 부리고서야 명을 거두었다.

그사이 세자는 거적을 깔고 음식을 멀리한 채 대죄했더랬다.

왕의 한 번 질책은 열 번 칭찬을 상쇄하고도 남을 정도로 혹독했다.

게다가 언제 어떤 이유로 폭발할지 모르는 부왕이 아닌가?

세자는 병을 얻었다.

영조 31년, 내의원 도제조 이천보는 이렇게 말한다.

"의관의 말을 듣건대 '동궁께서 근래 가슴이 막히고 뛰는 증후가 있어 발걸음 소리만 들어도 이런 증세가 일어난다'고 합니다.

파국을 향해

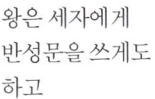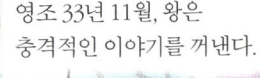

서연도 열지 않았다.
이를 갖고 야단치면 잠시 반성의 뜻을 보이고 그뿐.

열고 싶으나 오늘은 몸이 안 좋다.

신하들이 중간에서 노력하지 않은 것은 아니지만,

전하, 세자 저하께 조금만 부드럽게 대하시옵소서.

저하, 두렵더라도 자주 진현하시다 보면 성상의 마음이 달라지실 것이옵니다.

왕도 세자도 달라지지 않았다.

영조 36년에 세자는 종기를 앓아 7~8월 사이에 20여 일 동안 온천을 다녀왔다.

그리고 그 해가 다 가도록 진현하지 않았다. 진현의 뜻을 올리긴 했지만

저하께오서 진현하겠다고 하십니다.

의례적인 만류가 있자

아직 병을 조섭 중인데 나중에 하라고 해라.

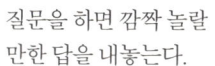

제5장 사도세자의 비극

5월 2일, 서지수가 면대해 아뢰고,

5월 8일, 대사성 서명응이 상서해 아뢰면서 유언비어의 실체들이 드러난다.

* 일동일정(一動一靜): 모든 움직임.
* 중외(中外): 안과 밖, 조정과 민간.
* 예후(睿候): 왕세자의 건강 상태.
* 유사(有司): 담당 관청.

세자는 신하들이 이 일을 재론할 때마다 불안과 불만의 기색을 드러냈다.

조정 관료들과 유생들까지 다 아는 그 일을 왕이 알게 된 것은 놀랍게도 몇 달이 지나 9월이 되어서였다.

상황을 파악한 왕은 세자를 도운 내시들은 유배하고

글을 숨긴 죄를 물어 승지들을 파직하고, 동궁 관원들은 벌했다.

그러고는 뜻밖에도 조용히 사건을 덮는다.

제5장 사도세자의 비극 189

엽기적인 결말(임오화변)

영조 38년 5월 22일, 나경언의 고변이 있었다.

고변을 접수한 형조 참의 이해중은 고변서를 홍봉한에게 알리고

일이 크니 아뢰어야 하지 않을까요?

음...... 그리 하세.

이어 영조에게 전해진다.

변란이 주액(肘腋)에서 있게 되었으니 마땅히 친국하겠노라!

경기 감사 홍계희의 건의에 따라 대궐문을 닫아 지키게 하고 친국을 시작했다.

나경언은 옷소매에서 새로 글을 꺼내 올렸다.

* 주액(肘腋): 팔꿈치와 겨드랑이. 사물이 자신의 몸 가까이 있음을 뜻함.

* 부언(浮言): 근거 없이 떠도는 말.

왕의 말로 미루어보건대 첫 번째 고변서는 세자가 변란을 꾀하고 있다는 내용이었지만,

역적 세자를 고발합니다!

크헉!!!!

친국 때 다시 올린 글은 단지 세자의 비행만 열거했음을 알 수 있다. 그 무게는 전혀 다르다.

불량 세자를 고발합니다!

응?! 이런 일까지?!

또한 왕은 세자의 역모 주장을 부언이라 단정하고 있고, 나경언도 인정했다.

동궁을 모해하려 그랬나이다.

세자가 소식을 듣고 달려와 대죄하자

왕이 나경언이 올린 글의 내용을 가지고 묻는다.

네가 왕손의 어미를 때려 죽이고 여승을 궁으로 들였으며 서로에 행역하고 북성으로 나가 유람했는데, 이 어찌 세자로서 행할 일이냐?

왕손의 어미는 처음엔 그렇게 아끼더니 왜 죽였느냐? 그 사람이 강직하여 네 행실을 간하다가 이로 인해 죽었을 것이다.

＊ 행역(行役): 여행의 피곤함. 여기서는 관서지방에 다녀온 일을 말함.

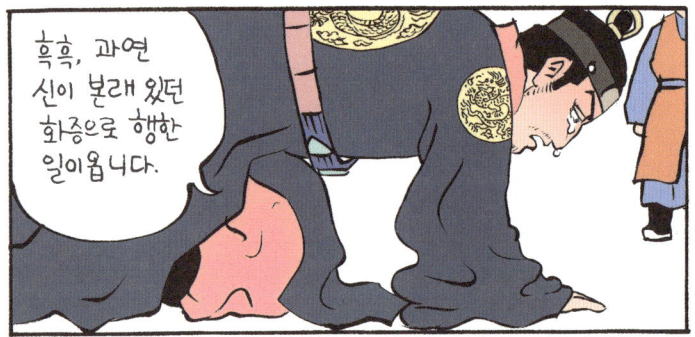

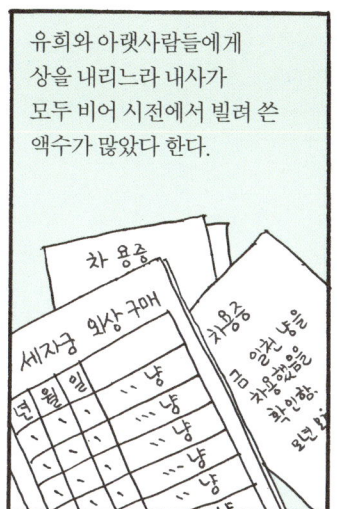
유희와 아랫사람들에게 상을 내리느라 내사가 모두 비어 시전에서 빌려 쓴 액수가 많았다 한다.

이날부터 세자는 연일 시민당 뜰에서 대죄하며

궁관을 보내 안부를 물었으나 답을 듣지 못했다.

저하께서 안부를 물으셨습니다.

보름 넘게 대죄하고 있어도 용서의 말이 없자 세자는 극도의 불안에 휩싸였다.

아무래도 나를 살려두지 않으실 모양.

《한중록》은 이 마지막 며칠 동안 불안하고 거칠었던 세자의 모습을 보여준다.

내 기어이 없애버릴 테다.

제5장 사도세자의 비극

갑자기 유언비어가 궐 안에 파다히 퍼졌다.

《한중록》에 따르면 운명의 그날인 윤 5월 13일, 세자의 친모인 영빈 이씨가 혜경궁 홍씨에게 편지를 보냈다 한다.

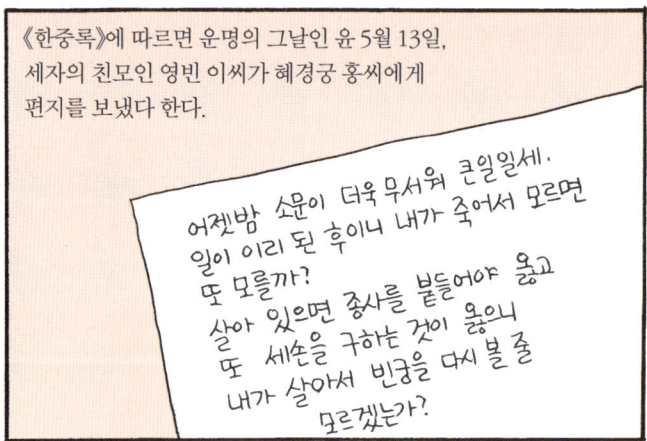

어젯밤 소문이 더욱 무서워 큰일일세. 일이 이리 된 후이니 내가 죽어서 모르면 또 모를까? 살아 있으면 종사를 붙들어야 옳고 또 세손을 구하는 것이 옳으니 내가 살아서 빈궁을 다시 볼 줄 모르겠는가?

그리고 영빈 이씨는 왕을 찾아가 울면서 아뢰었다지.

세자의 병이 점점 깊어 바라는 것이 없사옵니다. 어미 된 정리로 차마 드리지 못할 말씀이오나 성궁을 보호하고 세손을 건져 종사를 편안히 하는 일이 옳으니 대처분을 하시옵소서.
하지만 부자간의 정으로 차마 이러하시지만 다 세자의 병이옵니다. 병을 어찌 책망하겠나이까? 처분은 하시되 은혜를 끼쳐 세손 모자를 편안하게 하시옵소서.

왕은 뒤주를 내오게 하고 그 속에 세자를 가두었다.

《실록》은 단지 '깊이 가두었다'고만 쓰고 있다.

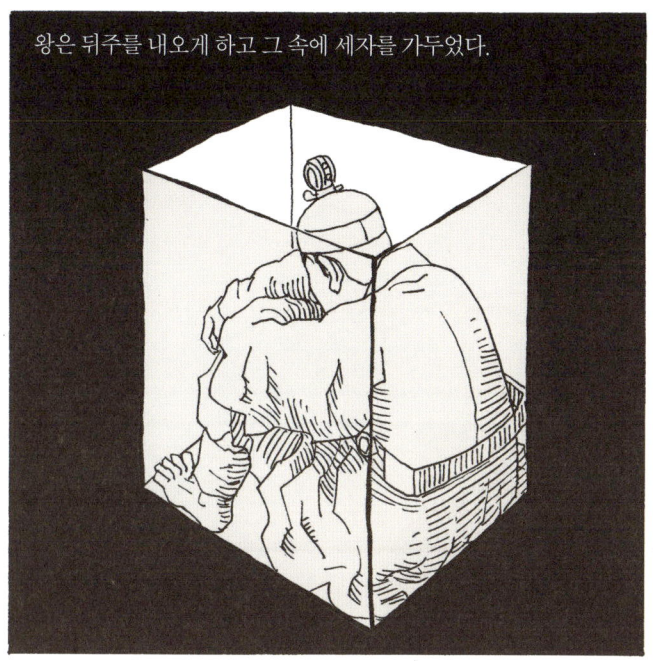

세자빈과 세손은 홍봉한의 집으로 보내졌다.

아바마마~ 흑흑

다음 날, 세자를 모시던 내관, 여승, 평양의 기녀들이 참수되었다.

위기의 세자가 마지막 순간에 도움을 청하려 불렀다는 조재호는 평소 이런 말을 했다는 죄로

한쪽 사람들이 모두 소조에 불충했으나 나는 동궁을 보호하고 있다.

*소조(小朝): 대리청정을 맡고 있는 왕세자.

유배되었다가 끝내 사사되었다.
탕평대신 조문명의 아들이자
효장세자빈의 오라비.

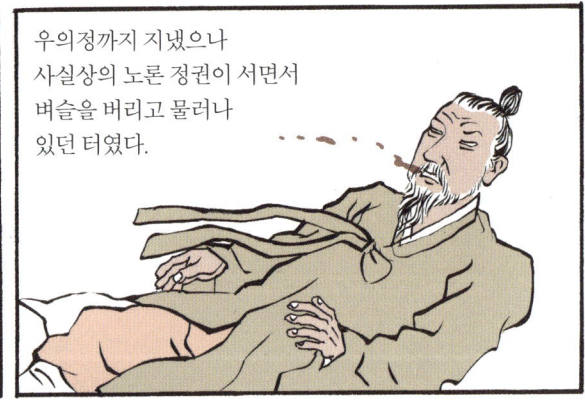
우의정까지 지냈으나
사실상의 노론 정권이 서면서
벼슬을 버리고 물러나
있던 터였다.

세자는 8일 후
뒤주 안에서
숨을 거뒀다.

해방이닷

이때까지 별 반응을 보이지 않았던
왕은 기다렸다는 듯 다음과
같은 명을 내렸다.

보고를 들었다. 어찌 30년 가까운 부자의 정을 생각지 않겠는가? 대신의 뜻을 헤아려 그 호를 회복하고 시호를 사도세자라 하겠노라.

장례는 두 달 뒤
치러졌다.

왕은 친히 정자각에
들어가 곡하며 말했다.

13일의 일은 종사에 관계된 것이다. 그때에 비로소 아버지라 부르는 소리를 들었으니 오늘은 그 마음에 보답하려 한다.

*제주(題主): 죽은 사람의 위패에 글자를 씀.

이런저런 해석들

어미가 죽일 것을 청하고, 아비가 죽이라 명하고, 장인이 앞장서서 집행한 이 사건의 진실에 완전히 접근하기란 어렵다.

영빈 이씨의 청은 《실록》에 실려 있지 않고,

나경언의 고변서는 불태워졌으며

과정을 생생히 기록한 《승정원일기》는 뒤에 세손의 청으로

《실록》과 달리 누구나 열람할 수 있는 《일기》에 그날의 일이 상세히 실려 있어 애통함을 금할 길이 없사옵니다.

사라졌기 때문이다.

동궁의 말이 옳다. 그때의 《일기》를 세초하라.

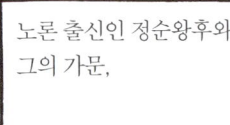

물론 이런 논거를 뒷받침하는 기록들도 있긴 하다. 김상로와 문씨 남매가 이간질을 했다는 것,

조재호가 동궁 보호를 주장했다는 이유로 제거된 것,

그리고 홍봉한이 적극 앞장선 것도 사실이니까.

그러나 이러한 사실들도 다른 각도에서 보면 다른 의미로 다가온다.

먼저 정순왕후 중심 역할론부터 보자.

그녀가 대궐에 들어왔을 때는 고작 열다섯 살이었을 뿐 아니라

이때는 영조 35년으로 이미 왕과 세자 간의 문제가 충분히 불거진 상황이었다.

그리고 비극이 있던 3년 후에도 정순왕후와 그녀의 가문이 홍봉한의 가문에 버금갈 만큼 세력을 이루지는 못했다.

세자가 친소론 편향의 태도를 보였다는 식의 해석도 지나치다. 앞서 보았듯이 말이 대리이지, 세자의 대리 영역은 극히 제한적이었고

그나마도 거의 이런 결론으로 끝났다.

이런 설명으로 근거를 대기도 한다.

하지만 그때도 세자는 이렇게 답했다.

그리고 사실 당시 왕의 태도는 오히려 그 일로 소론이 노론에 의해 일망타진되는 것을 경계했더랬다.

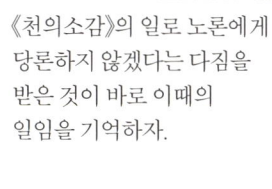

왜 이른바 이간질의
주인공들은 이런
정보를 왕에게
알리지 않았을까?

......

없는 사실을 지어낼 필요도 없이 있는 사실을 그대로 아뢰기만 해도
엄청난 이간질 효과를 거둘 텐데, 왜 그 많은 노론 신하는
하나같이 입을 다물었을까?

나경언의 고변이
있었을 때 왕의
질타를 보라.

"오늘 조정의 신하들은 모두 죄인이다."

"내게 고한 자가 한 사람도 없으니 부끄럽지 않은가?"

그랬다.
신하들은
이간질은 고사하고
세자의 비행을
감추기에 급급했다.

왜?
미래의
임금이니까!

"전하께선 이미 역대 임금들 중 가장 오래 사셨어."

"언제 돌아가실지 모르는 일, 바로 내일이래도 이상하지 않은 상황이야."

"무엇 때문에 고자질해서 세자의 눈 밖에 나냐고?"

제5장 사도세자의 비극

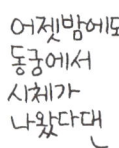

비극의 재구성

세자는 유희에 열중했다. 현실도피다. 그러나 이런 행태는 두려움을 잠시 잊게 해주는 마약 같은 것.

잔치를 파하고 나면 두려움은 생생히 현실로 되살아났으리라.

두려움에 사로잡힌 그는 아무도 자신을 통제할 수 없는 곳, 자신이 주인인 세자궁에서 히스테릭한 독재자가 되어갔다.

별 것 아닌 일로 칼을 휘둘렀다.

자신이 하고 싶은 말을 내관들에게 큰 소리로 말하게도 했다.

왕의 기대와는 비록 달랐지만, 나름의 장점은 많고 큰 흠은 없던 세자는

왕의 지나친 질책으로 인해

결격 사유가 큰 세자로 바뀌고 말았다.

1차적인 책임은 물론 괴팍한 아비인 왕에게 있다 하겠지만

세자에게도 아쉬움이 많이 남는다.

그는 미래가 보장된 세자.

서럽고 두렵더라도 최대한 책잡히기를 피하는 길로 갈 수는 없었을까?

서연도 열심히 하고

아무리 얼굴 보기 싫어도 임금이자 어버이이므로 오지 말라 해도 악착같이 찾아가 인사하고

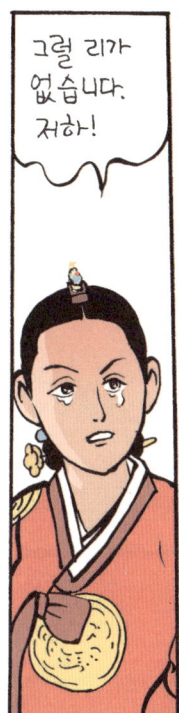

사실 왕과 신하들의 1차적인 희망은 세손으로의 후계 교체였으나

세자만 제거하고 세손은 보전해 후계로 삼는 데 왕과 홍봉한, 나아가 신하들의 이해가 일치했다.

그 방법을 찾기가 쉽지 않았을 것이다.

관서행이나 여러 비행을 가지고도 폐세자의 명분은 충분하지만 ⋯

폐세자를 끝내고 세손이 왕위를 잇게 되면 어찌 될까?

왕위를 이어받은 세손은 당연히 아버지의 신원을 꾀할 테고

신원된 아비는 상왕 이상의 권력을 갖게 되겠지.

담담함의 의미는 상당 기간 생각해오던 일을 드디어 결심한 것으로 읽는다.

그러나 세자의 관서행은 단순한 유람이었기에 바로 행동으로 옮길 수는 없었다.

나경언의 고변이 이를 충족시키는 것이었는데

역모라고?

친국 과정에서 나경언은 동궁을 무고한 것이라 진술하면서 한 발 빼고 만다.

동궁을 모해하려 그랬나이다.

결국 명분을 충족시켜준 것은 영빈 이씨의 고발이다.

영빈 이씨의 고발을 듣고 실행할 결심을 굳힌 왕은 홍봉한 등에게 이렇게 말했다.

내가 직접 말하기 어려운 위태로움이 경각에 닥치게 되었으니 진실로 두렵도다.

변란 등 살벌한 표현이 거듭 나오지만, 군사적 변란을 말하는 것 같지는 않다.

전날 갑자기 유언비어가 들끓었다는 기록,

《한중록》에 묘사된 세자의 히스테릭한 행동과 말,

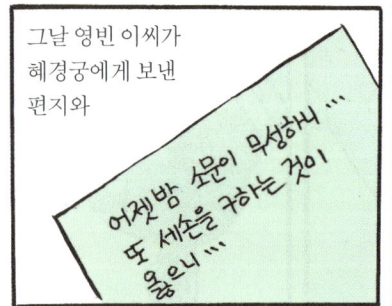

그날 영빈 이씨가 혜경궁에게 보낸 편지와

왕에게 고한 말,

"… 성궁을 보호하고 세손을 건져 종사를 평안히 하는 일이 옳으니 …"

그리고 위의 왕의 발언 등으로 보건대

삼종의 혈맥을 보전하지 못할 것이요, 400년 종사는 또 누구에게 맡길 것인가?

그 전날 극도의 히스테리를 부린
세자의 발언은 이런 내용이었지 싶다.

세손도 필요 없어. 내 아들도 아냐. 어떻게 아비와 아들이 나를 궁지로 몰 수 있어? 오늘 다 죽을 줄 알라고!

아비도 아냐. 내 오늘 저 늙은이를 죽여버릴 테다.

이런 말들로 갑자기 궐 안에 흉흉한 말들이 돌았고,

소식을 접한 영빈 이씨는 이런 생각을 하게 되지 않았을까?

세자가 저러다가 역적으로 죽게 되면 어미인 나도 며느리도 손자도 모두 어려워질 터. ......!!

어쩌면 세자의 행동을
빌미로 영빈에게
그런 역할을
맡겼을지도 모를 일.

종사를 위하고 필경엔 세자 자신도 위한 일이네.

제5장 사도세자의 비극 227

그날의 일이

일시적인 분노로 행한 것이 아님은 뒤주에 가둔 8일 동안 일체 관심을 보이지 않은 데서 확인된다.

"정승들을 내칠 때도 마치 죽일 듯이 했다가 사흘이 못 돼서 취소하시곤 했는데."

"그러게."

다혈질의 성미이지만 그 속은 얼음처럼 냉정한 군주 영조.

결심한 대로 계획한 대로 집행한 것이다.

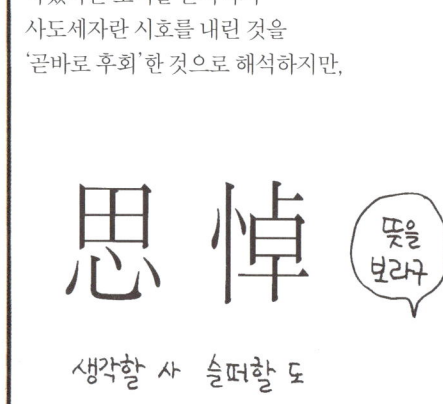
죽었다는 소식을 듣자마자 사도세자란 시호를 내린 것을 '곧바로 후회'한 것으로 해석하지만,

思 悼

뜻을 보라구

생각할 사 슬퍼할 도

이는 세손을 역적의 아들로 만들지 않기 위한 최소한의 조처.

…

사실 이 사건의 명분은 매우 절묘하다.

뒷이야기

영조는 그 뒤로도 14년을 더 살았다. 검은 머리가 새로 나고

빠진 자리에서 새 이가 나온다고 자랑할 만큼 회춘이라도 하듯 마지막 몇 달을 빼면 시종 건강한 모습이었다.

여전히 경연에 열심이었고

바깥 행차도 잦았으며

백성도 자주 만났다.(5,000명과 만나기도 했다.)

무늬만 남았지만 탕평은 여전한 영조의 자부심.

영조 48년에는 탕평과를 실시해 3인을 뽑았고,

같은 당끼리 결혼하지 않겠다는 금혼패를 집집마다 걸게도 했다.

탕평과나 금혼패가 마치 탕평책을 이루는 주요 내용인 듯 거론되곤 하지만

실은 탕평책이 유명무실해진 뒤의 일회성 이벤트에 불과했다는 것.

세손 관련 이야기는 《정조》편으로 넘기고, 사도세자 관련 이야기만 좀 더 살펴보자.

세자를 뒤주에 가둔 다음 날, 홍봉한은 이렇게 아뢰었다.

윤숙 등이 어제 신들을 꾸짖고 울부짖으며 거조를 잃었으니 처벌해야 하옵니다.

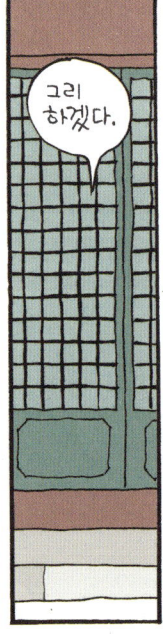

그리 하겠다.

제5장 사도세자의 비극

그날의 처분에 좌우 여러 신하가 있었지만 전하의 마음을 알고 전하의 명을 받든 것은 신이옵니다. …… 종사를 위해 성상께오선 울며 결단하셨고, 신은 울며 따랐나이다.

아! 사도세자께서 믿을 사람이라면 신만 한 이가 없었고 또한 세자께선 신이 모시는 임금의 아들이니 어찌 신이 전하를 섬기는 마음으로 세자 저하께 충성하지 않았겠나이까?

홍봉한이 소를 통해 공인받으려 한 것은 다음의 세 가지.

첫째, 그 일은 왕이 종사를 위해 독자적으로 결단하고 명한 것.
둘째, 내가 집행에 앞장선 것은 그 일이 종사를 위한 눈물의 결단임을 알았기 때문이라는 것.
셋째, 내가 누구보다 세자에게 충성스러웠다는 것.

왕은 공감을 표했고, 홍봉한에 대한 총애는 그 후로도 오랫동안 지속되었다.

그러나 영조 46년, 왕은 다음의 이유로 홍봉한을 영의정에서 면직시켜버린다.

너무 많은 사람을 추천하는 게 맘에 안 들어.

이에 홍봉한에 대한 왕의 믿음이 약해진 것으로 판단한 한유가 소를 올려 배척했다.

홍봉한 형제가 과거를 틀어쥐어 요로를 장악했으며 권력을 탐하고 나라를 그르쳤사옵니다.
망국동 망정승은 이미 동요로 불리고 있나이다.
(홍봉한은 안국동에서 살았다.)

왕은 한유를 즉각 흑산도로 유배해 홍봉한을 달랬다.

그런데 이듬해 왕은 돌연 홍봉한에게 (세손을 위협하려고) 왕손의 뒤를 봐주었다는 혐의를 씌워 유배 명을 내리고

한유는 석방한다.

돌아온 한유는 다시 홍봉한을 공격하는 소를 올렸는데

이 소가 그의 목숨을 빼앗고 만다. 암묵적인 금기사항이었던 사도세자의 일을 끄집어냈기 때문이다.

고얀! 이러고도 네 놈이 이 나라의 신하라 할 수 있겠느냐?

제5장 사도세자의 비극 235

경종, 영조 가계도

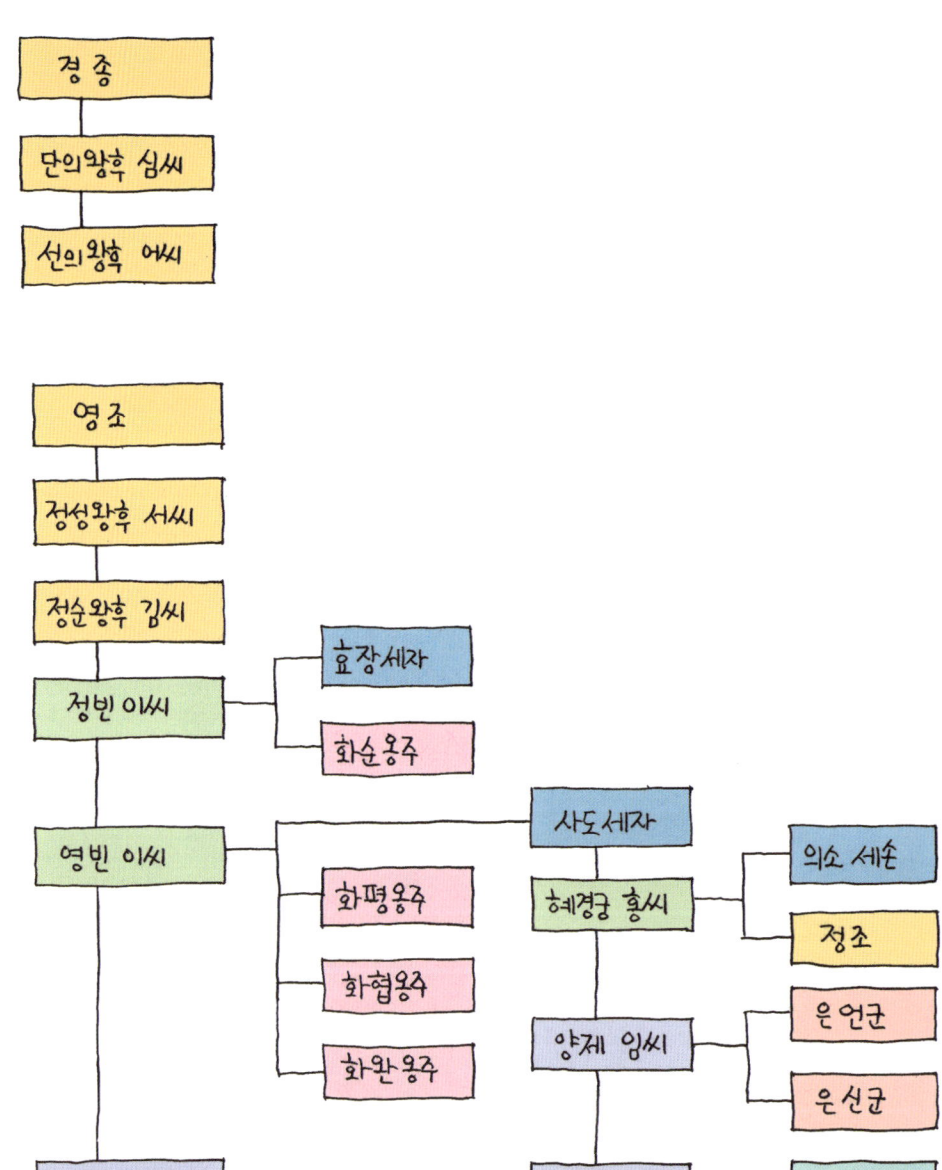

작가 후기

중대한 정치적 사안을 다룬 신문들의 기사를 보면, 같은 사안을 다룬 기사가 맞는지 의심이 갈 정도로 다르다. 각 신문사의 경향이나 기자들의 입장이 그만큼 다르기 때문이다. 사료(史料)도 사람이 작성한 것이기에 해당 사관의 정치적 성향이나 개인적인 기질, 혹은 신분이나 그가 속한 정치적 집단의 이해 등이 반영된 것이라 하겠다. 따라서 순결하게 객관적인 사료란 있을 수 없고, 사료를 근거로 작성된 역사 안내서들은 안내자의 해석을 동반하게 된다.

필자의 작업도 《조선왕조실록》이라는 사료를 필자의 눈으로 요약, 정리하는 과정이다 보니 때로는 기존의 해석과는 많이 다른 필자만의 해석을 내보이게 된다. 이에 대해 비전문가가 너무 앞서나가는 게 아니냐는 우려 어린 반응을 보이는 분들이 간혹 있다. 충분히 그럴 만하다.

필자의 목적은 사실 여러 학자나 저술가의 해석을 참고삼아 최대한 《실록》을 제대로 알리는 데 있다. 다만 《실록》을 쭉 읽어나가다 보면 내가 알고 있던 지식이나 해석과는 다른 느낌, 정황, 기록 들이 자꾸만 눈에 들어온다. 그리고 이런 단서들은 마치 아우성치듯 내게 분석과 상상, 판단을 요구한다. 필자만의 해석이란 말하자면 그에 대한 답변인 것이다.

이번 편에서는 사도세자의 비극과 관련하여 기존의 여러 해석에다 또 하나의 해석을 더했다. 사족 삼아 덧붙인다면, 비극의 가장 큰 원인은 사실 모두의 예상을 뛰어넘은 영조의 장수에 있다 할 것이다. 비극이 있던 그때 이미 영조는 역대 임금들 중 가장 나이가 많은 상태였다. 본문에서는 세자가 더 참으며 2인자답게 처신했으면 하는 아쉬움을 표했지

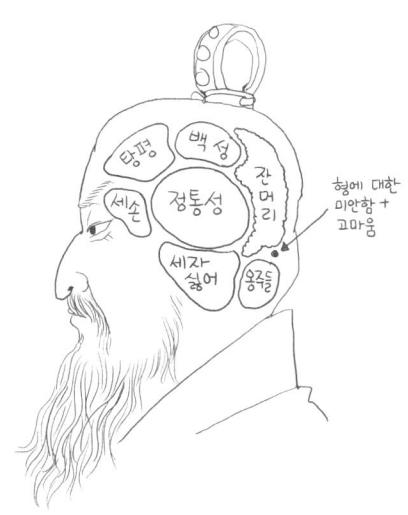

만, 세자의 비극 이후로도 영조는 14년을 더 살았다. 아무래도 그렇게까지 참아내기는 어려웠을 것 같다.

    15권은 평소보다 두 달쯤 더 걸렸다. 영조의 재위 기간이 워낙 길어서《실록》을 공부하는 데 한 달 정도 시간이 더 필요했고, 분량도 다소 늘어난 데다, 필자의 게으름도 한몫 거들었다. 6개월이면 새 책이 나올 것으로 알고 기다려주시는 열혈 독자님들께는 죄송스러운 마음을 금할 길이 없다.
    다음 책은 관심도 높고 논란도 많은 정조 편. 이 자리에 다시금 죄송 운운하는 글을 남기는 일이 없도록 열심히 할 참이다.

《경종·영조실록》 연표

1720 경종 즉위년

6.13 경덕궁에서 즉위하다.
7.21 유학 조중우가 소를 올려 생모의 작호를 바로잡을 것을 청하자 변방에 정배하다.
7.24 사헌부에서 조중우의 추국을 거듭 청하니 윤허하다. 조중우는 형장 끝에 물고되다.
9.7 윤지술이 신사년(숙종 27), 병신년(숙종 42)의 일을 지문에 기록할 것을 청하니 변방에 정배하다.
9.20 사학 유생, 관학 유생들이 윤지술의 석방을 청하며 권당을 풀지 않자 윤지술을 석방하다.
10.12 조태구를 우의정에 제수하다.
11.28 청나라 사신이 연잉군을 만나보고 싶다고 계속 청하고 연잉군에 대한 정보도 청하니 김창집이 써주다.
12.2 우의정 조태구가 청나라 사신의 요구는 칙서에 없는 것이라며 문제를 제기하다.

1721 경종 1년

5.11 경상도 관찰사 조태억이 영남의 문과 급제자가 80명인데 녹을 받은 자가 하나도 없다며 영남 인재의 등용을 청하다.
8.20 정언 이정소가 소를 올려 왕세제를 세우는 일을 왕대비(혜순대비)께 품하고 대신들에게 의논토록 할 것을 청하니 받아들여서 밤중에 대신들을 인견하여 의논하고 새벽에 왕대비의 승인을 받다.
8.23 유봉휘가 상소해 왕세제 책봉 과정을 비판하자 김창집 등이 국청 설치를 주장하다.
9.26 왕세제의 책봉례를 행하다.
10.10 사헌부 집의 조성복이 왕세제의 대리청정을 청하니 승낙하다. 좌참찬 최석항이 달려와 청대하여 인견한 자리에서 대리청정을 적극 만류하고 승지들도 만류하니 받아들이다.
10.12 조성복을 진도에 위리안치하다.
10.13 2품 이상의 관원과 삼사를 불러 대리청정을 명하니 다들 강력하게 반대하다.
10.16 이날까지 대리청정 명의 환수를 거듭 청했으나 받아들이지 않자 4대신 등이 청하기를 멈추기로 하다.
10.17 최석항이 상소했으나 도승지 홍계적이 받아들이지 않고, 조태구의 청대도 물리치다. 양사가 조태구의 원방유배를 청하는데 조태구를 만나겠다는 명을 내리다. 조태구가 명의 환수를 눈물로 청하고, 뒤이어 달려온 김창집 등도 환수를 청하니 받아들이다.
10.18 삼사에서 관례와 절차를 무시하고 청대한 조태구의 처벌을 청하다.
12.6 사직 김일경이 상소해 4대신을 4흉이라 부르며 처벌을 청하다. 이에 승지들이 김일경을 형벌할 것을 청하자 전원 파직하고 삼사 이하를 전원 삭출하다. 훈련도감 대장 이홍술의 병부를 빼앗아오게 하다. 이정신을 도승지에, 최석항을 병조 판서에, 이광좌를 예조 판서에 기용하는 등 대대적인 개편을 단행하다.
12.17 윤지술을 처형하다.
12.19 조태구를 영의정으로, 최규서를 좌의정으로, 최석항을 우의정으로 삼다.
12.22 내관 장세상 등을 변방에 유배하다. 왕세제가 궁관에게 '한두 내관이 자신을 제거하려 한다.'고 하다.
12.25 조태구 등이 내관 박상검, 문유도를 국문해 다스릴 것을 청하다.

1722 경종 2년

1.4 내관 문유도가 형신을 받다 죽다.
1.6 내관 박상검이 복주되다.
3.27 목호룡이 고변하다.
3.29 왕세제가 자신의 지위에서 물러나려 하다.
4.12 정인중이 승복하다.
4.13 백망, 김용택, 이천기가 역모를 인정하지 않고 죽다.
4.17 대사간 이사상 등이 입시해 4대신의 참형을 요구하다.
4.29 김창집이 사사되다.
4.30 이이명이 사사되다.
5.6 남구만, 윤지완, 최석정을 숙종 묘정의 배향 공신으로 정하다.
5.13 독약 쓰는 일은 서덕수와 정우관이 담당했고, 진행되는 일은 김창집과 이이명도 알고 있었다고 답한 김창도가 복주되다.
5.14 혐의를 인정한 서덕수가 복주되다.
8.7 윤선거와 윤증의 관작과 시호를 회복하다.
8.18 조태구가 재작년 10월에 토했던 일이 있는지를 묻자 왕이 확인해주다.
8.26 김성절이 독약은 정우관이 장세상에게, 다시 수라간 상궁 김씨에게 건네졌다고 하고, 한 차례 시험했으나 곧바로 토했다고 진술하다.
9.21 태묘에 역적을 토벌한 사실을 고하다. 반교문은 김일경이 작성하다.
10.19 국청에서 김씨 궁인을 찾아내 국문할 것을 청했으나 해당되는 이가 없다고 답하다.
10.27 조태채를 사사하라 명하다.

1723 경종 3년

3.12 목호룡을 3등공신으로 삼다.
6.6 영의정 조태구가 졸하다.
12.22 어선을 맡은 궁인 중에 김씨가 없다고 하다.(이후로도 여러 차례 김씨 궁인을 적발하여 죄줄 것을 청했으나 시종 그런 이가 없다고 답하다.)

1724 경종 4년

2. 5 김일경과 이광좌 등이 완론과 준론으로 나뉘다.
7.25 내의원이 임금을 진찰하다.
8.20 계장과 생감을 들다.
8.22 복통과 설사를 계속하다.
8.25 경종이 환취정에서 승하하다.

1724 영조 즉위년

8.30 창덕궁 인정문에서 즉위하다.
9.21 이광좌를 좌의정에, 유봉휘를 우의정에 제수하다.
9.29 소대에서 박필몽 등이 김씨 궁인의 일을 강력히 거론하나 경종의 답변을 반복하다.
11. 6 유학 이의연이 소를 올려 절혈금정, 회인종무 등 김일경이 지은 반교문의 문구를 가지고 공격하다.
11.11 김일경을 절도에 안치하고 교문의 일로 김일경을 엄호하는 자는 역률로 다스리겠다고 경고하다.
11.19 이광좌가 이의연의 국문을 청하니 허락하고 김일경도 함께 국문하라 명하다.
12. 8 김일경과 목호룡을 친국했으나 둘 다 죄를 인정하지 않자 당고개에서 참하라 명하다.
12.16 경종을 의릉에 장사 지내다.

1725 영조 1년

1. 2 김일경의 소에 연명한 소하 6인(이진유, 박필몽, 이명의, 정해, 윤성시, 서종하)을 삭탈관직하고 문외출송하다.
1. 3 탕평의 뜻을 밝히다.
1.11 승지 윤봉조가 김일경의 상소, 박상검의 옥사, 목호룡의 고변, 김일경의 교문은 모두 서로 부합한다고 아뢰다.
1.12 민진원, 김재로, 정호, 조영복 등을 서용하라 명하다.
1.13 사간 이봉익, 지평 유복명이 유봉휘의

삭출을 청하고 이광좌를 공격하다.
1.16 왕이 능행 길에 나섰는데 이천해가 뛰어들어 큰 소리로 부도한 말을 하다.
1.17 이천해를 친국하고 복주하다.
2. 2 대사간 김재로가 탕평을 선악을 구분하지 않고 있다고 비판하다.
2.25 왕자 경의군을 왕세자로 삼다.
2.29 민진원이 신축년(경종 즉위년)과 임인년(경종 2년) 의리에 대해 상술하다.
3. 1 우의정 정호가 소를 올려 건저, 대리의 일을 옹호한 4대신의 원통함부터 풀어주어야 한다고 청하다.
3. 2 4대신의 관작을 회복하고 치제하라 명하며 보복을 경계하다.
3.20 삼사가 유봉휘를 국문하고 이광좌와 조태억을 위리안치하라고 청하다.
3.27 이정신 외 40인을 귀양 보내거나 삭출하다.
4. 4 김창집 등 4대신에게 시호를 내리다.
4.10 시비를 분명히 알고 있음을 말하고 탕평의 의지를 밝히다.
4.23 정호를 영의정으로, 민진원을 좌의정으로, 이광좌를 우의정으로 삼다.
5.11 조태구의 관작을 추탈하다.
5.13 최석항은 관작을 추탈하고, 유봉휘는 삭출하고, 이광좌와 조태억은 파직하다.
6.14 삼사에서 5적(유봉휘, 이광좌, 조태억, 조태구, 최석항)의 토죄를 청하다.
6.16 민진원 등이 재신을 이끌고 빈청에 나아가 역적 토죄를 청하다.(이후 연일 반복됨.)
7. 4 유봉휘의 귀양을 명하고 이광좌와 조태억을 삭출하라 명하며 이제 국사에 전념할 것을 유시하다.

1726 영조 2년

1. 1 좌의정 민진원이 탕평 1년이 효과가 없었다며 시비의 분별과 토역을 주장하다.
1. 4 민진원을 면직하다.
1. 6 홍치중을 우의정에 제수하다.
3.27 장령 박필정이 양송의 효종묘 배향과 숙종묘에 배향된 남구만, 최석정, 윤지완의 출향을 청하다.
4.25 8도 유생이 소를 올려 토역을 청하니 앞으로 이런 소는 받지 말라 명하다.
5. 3 좌의정 이관명이 토역의 의리가 펴지지 못함을 이유로 사직을 청하니 받아들이다.

1727 영조 3년

4.14 영의정 정호를 면직하다.
4.20 경원부에 안치됐던 유봉휘가 졸하다.
7. 1 이광좌를 영의정에, 조태억을 좌의정에, 홍치중을 우의정에 제수하다.
7. 3 특지로 유봉휘의 관직 회복을 명하고 조태구, 최석항의 관직을 돌려주게 하다.
7. 4 선왕에 불충하면 후왕에게도 불충하다며 정호, 민진원 등을 비판하고 홍치중을 칭찬하고 당습을 따르는 자는 신하도 아니라고 말하다.
7. 5 민진원 등 101명을 파면하고 안치했던 62명을 석방하다.
8.28 조문명의 딸을 왕세자빈으로 삼다.
10. 6 을사처분을 번복하는 처분을 내리다. 김창집, 이이명, 이건명의 관작을 추탈하고 시호를 환수하다. 단 조태채는 제외하다. 이진유, 박필몽 등 6인을 감등해 육지로 나오게 하다.

1728 영조 4년

2.27 송인명의 청에 따라《숙종수정실록》을 '보궐정오'라 이르다.
3.14 봉조하 최규서가 급변을 올리다.
3.15 이인좌가 청주성을 점령하다.

3.17 이광좌가 선전관과 의금부 도사를 보내 이사성을 체포할 것을 청하다. 오명항을 4도 순무사로 삼다.
3.18 반군이 밀풍군을 추대하려 했다는 진술이 나오다. 청주성 함락 소식에 조정이 놀라다.
3.23 오명항이 안성에서 적군과 싸워 크게 이기다.
3.25 태인 현감 박필현이 거병했다가 전주 삼천에 이르러 궤멸하고 도주하다.
3.26 도주했던 박필현이 경상도 상주에서 체포되어 죽다.
3.27 반군 이웅보와 정희량이 거창, 안음, 합천을 장악하다.
4.2 정희량과 이웅보가 패배해 목이 베이다.
4.14 이인좌, 박필현, 남태징, 이유익 등 10명을 역괴로 명명하다.
6.10 홍치중을 좌의정으로, 오명항을 우의정으로 삼다.
9.10 우의정 오명항이 졸하다.
11.16 왕세자(효장세자)가 훙서하다.

1729 영조 5년

2.28 부수찬 이양신이 이광좌를 배척하는 강경한 소를 올리자 변방에 귀양을 보내다.
3.6 저쪽(노론)에서 이광좌를 미워하는 것도 괴이할 것이 없다고 말하다.
4.25 당파의 모임 장소가 된다며 새로 건립하는 서원들은 철거하라 명하다.
6.6 홍치중을 영의정에, 이태좌를 좌의정에, 이집을 우의정에 제수하다.
8.18 대신들을 인견해 각 당파의 병통을 지적하고 을사년의 처분은 지나쳤고 정미년의 처분은 자신이 잘못했다며 김창집과 이이명은 그들의 이름 및 아들과 손자가 거론되었으므로 추탈한 대로 두고, 이건명과 조태채는 복직시키다.

9.1 영의정 홍치중이 김창집, 이이명도 함께 신설해야 한다고 거듭 주장하자 아직 두 사람은 그대로 두고 점차로 해소시켜나가야 한다고 답하다. 아울러 소론은 소론계 역적을 능히 잘라내지만, 노론은 이런 데서 부족하다고 말하다.
9.2 이광좌를 인견해 함께 탕평하자고 권유하다.
9.4 수찬 유겸명이 이광좌를 극력 배척하며 노론가에서는 아이들도 이광좌를 '광' 혹은 '광좌'라고 부른다고 하다.
12.7 민진원이 토역을 청하는 소를 올리다.

1730 영조 6년

3.2 민진원을 인견한 자리에서 신하들이 자신의 무함부터 변명해야 했는데 이천기, 서덕수부터 신구했다며 섭섭함을 드러내다.
3.9 왕세자와 옹주를 저주한 궁인을 설득하는 과정에 효장세자가 독살되었음이 드러나다.
4.16 궁방의 화약을 훔치려 한 최필웅을 조사하는 과정에 무신 잔당의 계획이 밝혀지다.
5.3 이광좌와 민진원에게 서로의 손을 잡게 하고 화해를 권했으나 응하지 않다.
5.4 정사효가 물고되다.
5.11 역적을 추대하려 한 이해, 이기를 교형에 처하다.
5.28 토벌 후의 하교에서 모반의 근원은 붕당에 있다고 말하다.
6.12 책자에 이천해를 의사로 묘사하고 김일경, 목호룡이 신(臣)이라 일컫지 않았다는 내용을 기록한 나홍언을 친국하다.
6.29 경순왕대비(선의왕후)가 어조당에서 승하하다.
12.29 아교로 다른 물건을 붙여 가짜 인삼을 만들어 판 일당을 일죄로 논하다.

1731 영조 7년

4.10 양사가 합계해 유봉휘가 김일경과 목호룡의 효시라며 관작 추탈을 청하다.
6.6 납을 은으로 속여 돈을 바꾼 자를 유배하다.
6.9 《숙종실록》이 완성되다.

1732 영조 8년

6.23 홍치중이 졸하다.
8.8 유척기가 도승지에 제수되었으나 출사하지 않자 파직하다.
10.9 조문명이 졸하다.

1733 영조 9년

1.19 이광좌와 민진원을 부른 자리에서 소론과 노론이 모두 흠이 있다며(모든 당에 역도가 있다.) 머무를 것을 요구하다.
3.1 여러 당파에 모두 난역이 있다고 한데 대해 민진원이 장문의 반박 상소를 올리자 19일의 하교를 들어 의심을 품는다면 용서하지 않겠다고 답하다.
3.21 자금을 모아 도적질을 하다가 많이 모이면 무신년처럼 하려 했다는 이제동의 무리를 추국하다.
4.15 남원 산사의 석불상에 흉서(왕대비와 임금을 무함하는 내용으로 무신년의 흉서와 같았다.)가 걸렸다는 보고.
7.1 민진원이 왕자 탄생의 경사가 없음을 걱정하는 말을 아뢰다.
7.15 민형수가 이광좌, 조태억이 경종의 병을 숨겼다며 성토하는 소를 올리자 갑산으로 유배하다.
7.24 이후 4대신에 대해 말하는 자는 국문하겠다고 경고하다.
7.25 장릉에 비를 세우게 하다.
7.29 남원 현감이 패서한 죄인 김영건 부자 등을 체포하다.

8.22 이후로 낙형도 영구히 없애라고 명하다.
11.4 《문종실록》 일부가 본관, 적성산, 태백산 사고에 누락돼 있어 오대산 사고에서 전서하여 여러 사고에 나누어 보관하게 할 것을 청하니 허락하다.
12.7 수령이 함부로 사람을 죽이는 폐단과 관련해 법 밖의 행위라며 엄히 신칙하라 명하다.
12.19 이후로는 여러 궁가에서 다시는 절수하지 말라 명하다.
12.20 양역을 변통하지 못하면 끝내 나라가 망할 것이라면서 변통에 대한 의지를 피력하다.

1734 영조 10년
1.7 영남의 괘서 죄인 서무필을 친국하다.(이해 봄에 이런저런 옥사가 자주 발생하다.)

1735 영조 11년
1.21 영빈 이씨가 집복헌에서 원자를 낳자 중전의 양자로 삼고 원자의 명호를 정하다.
3.16 효장세자의 빈 조씨를 현빈으로 삼다.
11.20 김흥경을 영의정으로, 김재로를 좌의정으로 삼다.

1736 영조 12년
3.15 원자를 책봉해 왕세자로 삼다.
10.15 정호가 졸하다.
11.28 민진원이 졸하다.

1737 영조 13년
2.14 세 살 난 왕세자의 행동거지가 의젓하고, 글씨를 쓰자 대신들이 서로 다투어 갖고자 하다.
8.8 편당의 필봉이 사람을 괴롭힘이 창칼보다 심하다고 말하다.

8.9 여러 번 신하들에게 속임을 당했다며 내의원과 승지들의 청대를 거절하고 음식을 물리치고 합문을 닫아걸다.
8.11 새로 영의정에 제수된 이광좌가 뜰에 엎드려 관을 벗고 죽기를 청하니 모든 신하가 따라 엎드리고 임금의 뜻을 따르겠다고 하자 단식을 풀다.
윤9.22 입시한 영의정 이하 대신들이 왕세자를 돌아가며 안아보고 왕세자가 쓴 글씨를 나눠 갖다.
12.27 여러 차례 설득했는데도 좌의정 김재로가 영의정 이광좌와 같이 봉직할 수 없다는 차자를 올리다.

1738 영조 14년
10.9 지방관들의 남형, 혹형이 사라지지 않자 형틀의 표준을 팔도에 보내고, 남형한 자는 어사를 보내 적발하게 하다.
12.9 중전의 사친인 이씨가 졸하자 부부인을 위로한다며 서덕수의 신설을 명하다.

1739 영조 15년
1.11 비망기를 승정원에 내려 선위 의사를 밝혔다가 영의정 이광좌가 조현명 등과 함께 들어와 관을 벗고 머리를 땅에 두드리며 자신들의 죄를 청하자 명을 거두다.
3.11 중종의 원비 신씨의 복위를 청하는 상소가 있자 기꺼이 윤허하다.
3.28 신씨의 시호를 단경으로 정하고 휘호, 능호도 정하다.
5.19 이광좌가 소를 올려 선왕의 질환을 숨겼다는 혐의에 대해 변명하다.
8.30 유척기를 우의정에 제수하다.
11.23 우의정 유척기가 김창집, 이이명의 신설을 청하자(조현명은 반대) 신설할 때가 있을 것이나 과격하게 추진하면 도리어 어렵다고 답하다.

1740 영조 16년
1.10 김창집과 이이명의 벼슬 회복을 명하다.
3.2 좌의정 김재로가 목호룡이 역적이라면 이천기 등은 역적이 아니라며 반안을 청하자 반안은 뒷날을 기다려야 한다고 답하다.
4.10 유척기가 임인년의 무옥 신설을 청하니 이 일은 큰 처분이므로 천천히 의논해야 한다고 답하다.
4.17 《속대전》을 찬수케 하고, 자자의 형벌을 영원히 없애라 명하다.
5.19 삼사가 합계해 유봉휘, 조태구의 관작 삭탈과 영의정 이광좌의 파직을 청하자 유척기를 체차하고 삼사 전원을 파직하다.
5.25 선위의 분부를 내렸다가 왕대비의 만류에 따라 거두다.
5.26 이광좌가 졸하다.
6.5 원경하가 삼수역안은 하루도 천지간에 둘 수 없다고 아뢰다. 이에 조현명이 반대 의사를 밝혔으나 왕이 적극 동조하다.
6.13 삼수역안을 임인국안으로 변경하다.
9.28 김재로를 영의정으로, 송인명을 좌의정으로, 조현명을 우의정으로 삼다.
10.25 좌의정 송인명, 우의정 조현명이 민형수와 함께 청대해 김용택의 아들 김원재에게 숙종이 하사한 시가 있다고 아뢰다.
10.29 숙종이 하사했다는 시가 가짜로 밝혀지다.

1741 영조 17년
4.22 이조 낭관과 관련된 전랑 추천권 폐지

등 절목을 만들다.
6. 5 《속오례의》의 찬술을 명하다.
9.14 대신을 인견하고 김용택 등 5인 외 나머지는 을사년의 처분에 따라 모두 탕척하라 명하다.
9.19 한성의 난전을 금지하다. 큰 것은 엄금하고 소소한 것은 그대로 두는 등 현실을 어느 정도 인정하다.
9.25 의금부에 명해 삼수역안(임인국안)을 불사르다.

1742 영조 18년

2.28 조현명에 대해 불쾌감을 드러내며 '경자년(숙종 45년) 이전이라도 조종의 혈맥을 위해서였다면 이는 충성'이라는 생각을 드러내다.
8. 7 친히 《악학궤범》의 서문을 짓다.

1743 영조 19년

1.25 자신의 마음을 알아주는 이는 자성(혜순대비)뿐이라고 말하다.
9. 5 왕세자가 왕세자빈 간택과 관련해 용모보다 숙덕을 우선한다고 했다며 기뻐하다.
11.13 삼간택으로 세마 홍봉한의 딸이 왕세자빈으로 정해지다.
11.28 조중회가 상소해서 언로가 막힌 현실과 갑작스럽고 잦은 사묘행에 대해 비판하다.
11.29 조중회가 자신을 모욕했다며 분개하다. 이후 며칠 동안 신하들을 만나지 않다.

1744 영조 20년

9.11 〈권학문〉을 지어 왕세자에게 내리다.
10.13 인정문 좌우 행각이 모두 소실되어 《승정원일기》가 거의 불타버리다.
11. 4 왕세자가 글을 읽는 것이 싫을 때가 많다고 대답하자 정직하다며 기뻐하다.

12. 2 송인명의 건의에 따라 사가의 일기초, 조보 등을 거두어 선조 임진년 이후부터의 《승정원일기》를 편찬하게 하다.

1745 영조 21년

5.12 북경에서 구해온 책자, 측우기, 천리경, 지도 등을 모두 없애버렸다고 하자 신하들이 찬탄을 표하다.
6.14 동궁이 시좌해 《어제상훈》을 강독하고 묻는 말에 잘 대답하자 모두가 기뻐하다.
9.11 원량에게 전위한다는 뜻을 밝혔다가 다음 날 거두다.

1746 영조 22년

4.11 《속대전》의 인쇄본이 완성되다.
5.27 이조 판서 박필주가 경종의 병을 대훈에 첨가할 것을 주장하고 조태구, 이광좌 등을 공격하다.
5.29 조현명이 대훈 수정에 반대하다. 이후 양측 사이에 논쟁이 폭발하다.
8.11 좌의정 송인명이 졸하다.
9. 4 신축년과 임인년의 옥사를 단련한 죄로 조태구와 최석항의 관작 추탈을 명하다.

1747 영조 23년

2. 8 왕세자가 임금과 함께하는 주강을 10여 차례 끝에 중단하다.
10. 3 왕세자에게 시강을 명하니 글 읽는 소리가 점점 작아지다.
11.18 《승정원일기》 개수가 끝나다.

1748 영조 24년

5.18 왕세자가 지은 시에서 글 읽는 것이 가장 즐겁다고 하자 말이 앞선다며 질책하다.
5.19 한 문제가 한 무제보다 낫다고 답하자 거짓말을 한다며 왕세자를 질책하다.
5.21 의금부 도사를 보내 호서의 이지서 등을 체포케 하다.(무신년 역도의 자식들이 중심이 되어 민심을 동요시키고 변란을 도모함.)
6.24 화평옹주가 졸하다.
윤 7. 3 옹주의 장례를 위해 호조에 명해 파주의 사인 윤득성의 가산과 민가 100여 호를 사들이다.
9. 9 《무원록》을 중간하여 8도에 반포하다.
10.23 한, 당, 송 가운데 가장 나은 나라와 그 이유를 묻고 왕세자가 대답하자 칭찬하다.

1749 영조 25년

1.22 선위의 뜻을 밝혔다가 신하들과 왕세자가 극력 반대하니 거두고 대리청정을 명하다.
2.16 왕세자의 처리를 옆에서 지켜보며 가르치다.
2.17 왕세자에게 쾌(快) 자 하나가 너의 병통이니 경계하라고 이르다.
4. 5 김재로와 조현명이 왕세자에게 매사를 반드시 아뢴 뒤 재결하라고 권하다.
12. 4 여역으로 여름과 가을 사이에 50~60만 명이 죽다.

1750 영조 26년

1. 5 홍봉한을 어영청 대장에 제수하다.
3.11 조현명을 영의정으로 삼다.
5.19 홍화문에 나아가 백성을 불러 양역의 폐단을 묻다.
7.11 균역청을 설치하다.
8.27 왕세자빈이 원손을 낳다.
(이 해에도 매달 적게는 수천에서 많으면 7만 명까지 여역 사망자가 발생하다.)

1751 영조 27년

4.20 김재로가 균역법에 대해 강력히 반대하다.
5. 1 좌의정 조현명이 균역법을 계속 시행할

것을 주장하다.
5.13 원손 이정을 왕세손으로 삼다.
6. 9 호서 암행어사가 균역법이 백성에게 크게 환영받는다고 아뢰다.
6.12 영의정 김재로가 대리의 일을 잘하고 있는데 왕세자를 지나치게 책망한다고 아뢰다.
11.14 효장세자의 빈인 현빈이 훙서하다.

1752 영조 28년
1.13 병조 판서 홍계희가 왕세자에게 양역과 균역법의 역사에 대해 책자를 지어 올리다.
2.27 명정전에 나가 선위하겠다는 뜻을 밝히다.
3. 4 왕세손이 훙서하다.
3.10 왕세손의 시호를 의소로 정하다.
4.26 조현명이 졸하다.
6.29 균역 사목의 내용을 정리하다.
8.24 '설무'라는 말이 없게 된 연후에야 무함을 씻었다고 할 수 있다며, 노론은 경종에 대해, 소론은 자신에 대해 신하로서의 절조가 없다고 하다.
8.25 의릉에 가서 엎드리고 '무(誣)' 자를 씻은 뒤에야 일어나겠다고 하다.
9.22 왕손(정조)이 태어나다.
11.25 화협옹주의 집에 거동하려는데 즉시 군사를 집결시키지 않은 병조 판서와 훈련도감 대장을 벌하다.
12. 8 대소 공무를 모두 동궁으로 들여보내라 명하다.
12.14 왕세자에게 시를 읽는 동안 눈물을 흘리지 않는다면 효성이 없는 것으로 보겠다며 시를 읽어가자 왕세자가 눈물을 흘리다.

1753 영조 29년
2. 8 궁인 문씨를 소원으로 삼다.

4.21 전 통제사 정찬술이 통영에서 올라올 때 교자를 타고 왔다고 직산현에 정배하다.
6.17 내의원 신하들을 보는 자리에서 내시로 하여금 원손을 안고 들어오게 하다.

1754 영조 30년
4.29 호남 이정사 이성중이 환곡 등의 폐단에 대해 아뢰다.
5.13 왕세자의 답을 듣고 괄목할 만한 상대라며 칭찬하다.
12. 2 대사간 신위가 상서해 조종부와 이천보의 소를 공평하고 중립적인 도리에서 보아야 한다고 하자, 이는 아들에게 그 아비를 헐뜯은 것이라며 대노하고, 상세히 살피지 않았다고 왕세자에게 듣지 못할 소리를 하니 왕세자가 석고대죄하다.
12.30 궁가, 아문, 사대부가에서 사사로이 어전과 염분을 사는 폐단을 엄금하라 명하다.

1755 영조 31년
2. 4 나주 객사에 흉서가 걸리다.
2.20 나주의 괘서와 관련된 윤취상의 아들 윤지 등을 친국하다. 이후 관련자를 대거 처형하다.
2.27 사노비 감포 절목을 확정하다.(노는 1필, 비는 반 필.)
3. 2 윤취상, 이사상, 김일경의 소하 5인, 유봉휘, 조태구를 역률로 추가 시행케 하고 이광좌, 조태억, 최석항의 직첩을 회수하다.
3. 8 한세량, 권혜, 권집, 권익관에게 역률을 거행하다.
3.20 김일경, 목호룡, 이인좌, 정희량의 아들들을 모두 처형하고 무신년 10괴의 여얼들도 정법하다.
4.28 발소리만 들어도 가슴이 막히고 뛴다는 동궁의 증세에 대해 의관이 말하다.
5. 2 친림하여 시사하는데 심정연이 깨알 같은

글씨로 난언패설을 늘어놓다.
5.11 김일경의 종손 김도성이 심정연의 글 중 가장 부도한 말은 자신에게서 나왔다고 하다.
5.14 김일경, 윤지, 유혜, 심정연의 조카는 모두 역적 민암의 예에 따라 제주에 정배하라 명하다.
5.20 김일경의 조카 김창규가 '어서 나를 죽이시오!'라고 소리치다. 신치운이 갑진년(영조 즉위년)부터 게장을 먹지 않았다고 진술하다.
9.10 왕세자에게 매일 일기를 써서 매달 말에 바치라고 명하다.
9.18 김재로가 《천의소감》의 서문을 지으며 남구만, 유상운까지 거론하자 원경하를 찬수 당상으로 삼다.
9.21 노론 진신들이 당론을 하지 않겠다고 하기 전까지 합문을 열지 않겠다고 하다. 이에 영의정 이천보 이하 노론 신하들이 개별, 혹은 연명으로 당론하지 않겠다고 상소하다.
9.22 금년에만 정법한 자가 거의 200명에 이른다며, 이후 다시 지난 일을 제기하는 자는 역률로 다스리겠다고 하다.
10. 9 《천의소감》의 찬수자들을 인견하고 경종의 죽음에 대해 말하며 게장은 왕대비전이 아닌 어주에서 올린 것이라고 밝히다.
11. 9 박문수가 죄인을 자처하며 여름 이후 문을 닫고 세수도 않고 빗질도 않으며 생활하다.
11.26 《천의소감》이 완성되다.
12.14 좌의정 김상로가 사충사를 다시 세울 것을 청하니 허락하다.

1756 영조 32년
1.16 가체를 금하고 족두리로 대신하게 하다.
2. 1 송시열과 송준길의 문묘 종사를 허락하다.

2.16 이후로는 왕세자가 비답을 해도 하룻밤 동안 기다렸다가 승지가 가지고 와서 아뢰도록 하다.
3.16 강화도 목장과 화완옹주의 일을 정리하다.
5.1 왕세자가 있는 낙선당 양정합에서 불이 나자 왕이 의아해하다.
5.8 왕세자가 반성하는 뜻을 밝히니 왕이 흡족해하다.
8.1 명릉에 거둥하니 왕세자가 어가를 따르다.
윤 9.1 지평 이휘중이 상서해 왕세자가 아프다며 서연을 열지 않고, 열어도 질문하는 일이 없고, 2년 동안 《맹자》도 마치지 못한 상황에 대해 지적하니 왕이 그를 칭찬하고 말을 하사하다.
윤 9.5 왕이 경화의 문벌로만 관작을 채우는 세태를 한탄하자 이조 판서와 이조 참판이 그럴 수밖에 없다고 답하다.

1757 영조 33년

2.15 정성왕후가 훙서하다. 이날 일성위 정치달(화완옹주의 남편)도 졸하니 왕이 말리는 삼사 관원들을 체차하며 화완옹주의 집으로 가다.
3.26 대왕대비(혜순대비)가 훙서하다.
6.27 왕세자가 보는 책들에는 자신도 처음 보는 책들이 많다고 하다. 보덕 윤동승이 왕세자가 박학하여 국한됨이 없다고 아뢰고 왕도 왕세자의 총명을 말하다.
11.8 좌의정과 우의정에게 동궁이 7월 이후 진현한 일이 없다고 하다.
11.11 왕세자가 정원에 하령해 반성하고 각오를 보였으나 이날 밤 왕세자의 반성이 형식적이라며 숭화문 밖에 나가 엎드려 곡하고, 이어 전위의 교지를 쓰게 하다. 왕세자가 물러나오다 기절하다.

12.3 김상로가 왕세자에게 은밀한 말을 아뢰고 사관에게 쓰지 말라고 하다.
12.28 원손이 《동몽선습》을 우렁차게 외고 행동거지가 반듯하다.

1758 영조 34년

1.17 화순옹주가 금식 끝에 졸하다.
2.7 서연이 끊긴 지 오래되었다며 춘방 관원을 질책하다.
7.8 왕이 진전으로 온다는 말을 듣자 왕세자가 긴장해 밤새 잠을 이루지 못하다.
7.17 홍봉한을 훈련도감 대장에 제수하다.
8.20 동궁이 잘못을 뉘우치고 고치기 전에는 차대하고 경연하는 일을 거두겠다고 말하다.

1759 영조 35년

6.9 김한구의 딸을 후비로 정하다.
윤 6.22 왕세손을 책봉하다.
10.15 김재로가 졸하다.

1760 영조 36년

1.16 청나라 칙사에게 먼저 무릎을 굽힐 수 없다며 황단에 나가 전배례를 행하다.
2.5 간만에 왕세자의 비답을 칭찬하다.
7.18 왕세자의 종기가 심해져서 온천으로 떠나다.
7.25 군마가 탈출해 밭의 곡식을 해치자 마주를 처벌하고 밭의 주인에게 보상하다.
8.4 왕세자가 환궁하다.
12.15 좌의정과 우의정이 왕세자에게 해가 바뀌기 전에 진현의 예를 행할 것을 청하다.

1761 영조 37년

1.5 인재와 재덕 등에 대해 왕세손과 문답하다.
2.25 왕세자가 덕성합에서 병 때문에 문을

열 수 없다며 승지에게 상서를 큰 소리로 읽게 하다.
3.8 《자서록》을 어제하다.
4.2~4.22 왕세자가 관서지역을 여행하다.
4.22 왕세자가 유생들을 인대하니 사냥과 재화, 여색 등에 대한 소문을 잠재우려면 날마다 시강관과 비변사의 대신들을 불러 만나야 한다고 아뢰다.
5.2 유선 서지수가 왕세자에게 관서행을 거론하다.
5.8 대사성 서명응이 왕세자에게 관서행 관련자들의 처벌을 청하다.
5.17 왕세자가 진현하다.
9.5 왕세자의 비답에 대해 칭찬하다.
9.16 왕세손과 문답하고 이보다 더 잘 대답할 수는 없다고 칭찬하다.
9.21 서명응의 상서를 보고 관서행을 알았다며 5월의 일기를 가져오게 해서 보고 동교에 집을 지은 일을 알다.
9.29 이날까지 왕세자가 여러 날 금식하며 시민당 뜰에서 대죄하다.
10.8 300년 종사를 이을 사람은 곧 왕세손이라 하다.
12.22 경기도 관찰사 김시묵의 딸을 왕세손빈으로 정하다.

1762 영조 38년

3.30 요임금과 걸임금에 대해 왕세손과 문답하다.
5.22 나경언이 왕세자의 역변을 고하고 무고 혐의로 참형에 처해지다.
5.24 각전의 상인들을 불러 왕세자가 진 빚을 묻고 갚아주라 이르다.
윤 5.1 왕세자에 대해 남은 기대가 전혀 없다고 하다.
윤 5.2 신만을 영의정으로 삼다.
윤 5.6 나경언에게 역률을 적용하라고 청한

신하들을 파직하고 유배하다.
윤 5.13 왕세자를 불러 휘령전에 전배한 후 왕세자에게 자결을 명하다가 뒤주에 가두다.
윤 5.14 내시 박필수와 여승 가선을 복주하고 서읍의 기녀 대여섯 명도 복주하다. 동궁의 유희용 잡물들을 불태우라 명하다.
윤 5.17 엄흥복을 친국하고 참하다.
윤 5.21 왕세자가 죽자 사도세자의 시호를 내리다.
윤 5.28 좌의정 홍봉한이 왕의 결단을 찬양하다.
6.22 엄흥복에게 동궁 보호 등을 말했던 조재호를 사사하라 명하다.
7.23 사도세자를 장사 지내다.
8. 1 왕세손에게 동궁의 위호를 정하고 반교하다.
8.10 박치륭이 소를 올려 왕세자를 잘못 이끈 대신과 대간들을 탄핵하자 흑산도에 안치하다.
8.26 홍봉한이 상소하며 뒷날의 우려를 말하며 대처분 후 왕이 했던 말들을 인용하고 자신의 차자를 사관에게 맡겨 징표로 삼을 것을 청하니 13일의 하교와 함께 춘추관에 보관케 하다.

1763 영조 39년
4.22 전조의 옛 능들과 단군, 기자, 삼국의 시조 능을 수축하라 명하다.
8.27 반역을 꾀한 심내복 등을 국문하다.
10. 4 역적을 소탕했다고 반교하다.

1764 영조 40년
2.20 왕세손으로 하여금 효장을 잇게 하겠다고 하교하다.
7.26 사도세자의 생모인 영빈 이씨가 졸하다.

9.26 왕세손에게 사도세자와 관련해 설명하고 후일의 참소를 경계하다.

1765 영조 41년
4. 7 《해동악장》의 구상을 말하고 적임자를 정하다.
10. 4 왕세손이 명을 어기고 잠화를 꽂은 것을 나무라자, 왕세손이 도리어 자신을 위해 잠화를 꽂아달라고 청하여 웃다.
11. 2 황희, 맹사성의 자손을 수소문해 봉사손을 서용하라 명하다.
11.28 김종서의 옛집을 그 자손에게 주라 명하고 이덕형의 봉사손을 서용하라 명하다.

1766 영조 42년
3. 6 검은 머리카락이 자란다고 말하다.
10.27 대신들을 인견한 자리에서 서덕수와 백망, 김용택 등에 대해서 논의하다.

1767 영조 43년
6.19 호남의 곡물수송선이 대거 침몰해 2만 석이 유실되다.

1768 영조 44년
6. 6 스무 살의 정후겸을 발탁해 승지로 삼다.
11. 3 홍봉한을 영의정에 제수하다.

1769 영조 45년
10.12 서른 살의 김귀주를 승지로 삼다.
11. 9 영의정 홍봉한이 김귀주, 김한기를 승급시켜 장임을 맡기게 할 것을 청하다.
12.24 《동국문헌비고》를 간행케 하다.

1770 영조 46년
1.10 자주 사람을 추천하는 홍봉한을 안 좋게 보고 파면하고, 김치인을 영의정에 제수하다.
2.23 임금의 질문에 메아리처럼 답하는

동궁의 맑은 음성과 정밀한 견해에 대해 모두 찬탄하다.
3.22 홍봉한 형제를 비판하는 소를 올린 한유를 흑산도에 안치하다.
5. 1 세종조의 제도를 본받아 궁궐과 8도에 측우기를 설치해 강우량을 보고하게 하다.
10.20 영의정 김치인이 정후겸을 비변사 당상에 차정할 것을 청하다.

1771 영조 47년
2. 3 왕손의 행태와 홍봉한을 비난하고 은언군과 은신군을 귀양 보내다.
2. 5 홍봉한과 김시묵을 삭출하다.
2. 8 홍봉한을 비판했던 한유와 심의지를 석방하다.
2. 9 홍봉한을 중도부처했다가 이틀 후에 혜빈을 위해서 명을 거두다.
5. 6 여전히 황구첨정 등이 사라지지 않고 있다며 균역청으로 하여금 단단히 경계하게 하다.
8. 2 한유가 일물(뒤주)을 들여온 홍봉한을 참할 것을 청하는 소를 올리다.
8. 3 한유와 심의지를 역률로 다스리다.
8. 7 다시 사도세자의 일을 제기하는 자는 역적 이괄의 율을 적용할 것을 포고하게 하다.
11.23 진선문과 건명문 남쪽에 신문고를 다시 설치하라 명하다.

1772 영조 48년
1. 5 이순신, 조헌 등의 봉사손을 서용하라 명하다.
2.21 김귀주를 승지에 제수하다.
7.21 수찬 김관주가 소를 올려 홍봉한을 공격하다. 공조 참판 김귀주도 소를 올려 홍봉한 공격에 가세하다.
7.22 이후 척신은 이조의 요직, 병조 판서, 오군문의 대장, 삼사의 장 등에 의망하지

말라고 전교하다.
7.23 석고대죄 중인 김귀주에게 육단부형을 더하다.
7.29 김귀주를 삭직하고, 김관주를 갑산부에 귀양을 보내다.
8. 1 탕평과를 실시해 3인을 뽑다.
8.20 동색끼리의 금혼패를 각 가정의 문미에 걸게 하다.

1773 영조 49년

7.23 왕세손에 대해 자랑하다.
11.20 시임, 원임 대신들을 불러 탕평이 이루어졌는가를 묻자 좌의정 김상철이 그렇다고 답하다.

1774 영조 50년

8.15 곽란을 일으키자 왕세손이 뛰어가 부축하며 간호하니 다들 찬탄하다.
11.25 빠진 이가 새로 나다.

1775 영조 51년

1.19 영의정 신회와 우의정 홍인한이 정후겸을 비변사 당상에 차출할 것을 청하다.
5. 2 조재호의 딸이 신문고를 쳐서 억울함을 호소하니 신원하다.
8.26 연화문에 나아가 백성 수천 명을 불러보다.
10. 7 신하들이 없는 자리에서 왕세손에게 공사를 맡아 할 것을 하교하다.
11.20 집경당에서 시임, 원임 대신을 불러 왕세손에게 대리청정을 시킬 뜻을 밝히자 홍인한이 강력히 반대하다.
11.30 다시 청정의 명을 내렸으나 대신들이 모두 반대하고 홍인한은 왕의 전교를 받아쓰지 못하게 막다. 순감군을 왕세손이 수점케 하다. 왕세손이 10월 7일의 하교를 말하며 홍인한에게 잘 아뢰어 거두도록

해달라고 요청했으나 홍인한이 거절하다.
12. 3 서명선이 상소해 홍인한 등을 비판하다. 서명선의 상소에 대해 의견을 묻고 김상복, 한익모, 홍인한 등을 파직하는 등 징계하다.
12. 7 대리청정을 결정하다.
12.10 홍인한, 김상복 등을 서용하다.
12.21 심상운이 8조목의 소를 올려 대리청정에 반대하다.
12.22 심상운을 흑산도에 정배하다.

1776 영조 52년

1.13 홍국영이 김하재가 올린 상서 중 '영기가 너무 드러나 보인다.'는 등의 말은 약이 되는 말이라 아뢰자 왕세손이 받아들이다.
2. 4 왕세손이 수은묘에 전배한 뒤 눈물을 흘리며 《승정원일기》에 아비 사도세자의 일이 기록되어 있는 데 대해 애통한 뜻을 말하고 상소하니, 왕이 받아들여 《승정원일기》의 해당 부분을 세초하라 명하다.
3. 3 대보를 왕세손에게 전하라고 전교하다.
3. 5 경희궁 집경당에서 승하하다.

조선과 세계

	조선사		세계사
1720	경종 즉위		청, 티베트를 점령하고 6대 달라이 라마를 옹립
1721	노론 4대신 탄핵		북방전쟁 종결
1722	목호룡이 고변하여 옥사를 일으킴		청, 강희제 사망, 옹정제 즉위
1723	목호룡을 3등공신으로 삼음		청, 티베트 주둔 군대 철수
1724	경종 사망, 영조 즉위		일본, 검약령 발표
1725	영조, 탕평책 실시		청, 백과사전《고금도서집성》완성
1726	민진원, 탕평 1년이 효과가 없다며 토역 주장		영국, 스위프트,《걸리버 여행기》출간
1727	정미환국		영국, 조지 2세 즉위
1728	효장세자 사망		러시아, 덴마크 출신 베링, 베링 해협 발견
1729	새로 건립하는 서원 철거		영국·프랑스·에스파냐, 세비야조약 체결
1730	효장세자가 독살되었음이 드러남		러시아, 안나 이바노브나 즉위
1731	공사천법 제정		아메리카, 프랭클린이 대출도서관 설립
1732	《경종실록》완성		아메리카, 13주 식민지 성립
1733	국문할 때 낙형을 금함		폴란드, 왕위계승전쟁 시작
1734	영조, 죄인 서무필을 친국		영국, 러시아와 통상 조약 체결
1735	영빈 이씨, 원자 출산		청, 옹정제 사망, 건륭제 즉위
1736	원자를 왕세자로 책봉		프랑스·에스파냐·영국, 파리조약 체결
1737	실학자 유수원,《우서》저술		이탈리아, 메디치 가문 몰락
1738	평안도 병영에서《무비지》간행토록 함		프랑스, 엘만데브 해협의 페림 섬 점령
1739	영조, 선위 의사를 밝힘		페르시아, 나디르 샤, 델리 점령
1740	영조,《속대전》을 찬수케 함		오스트리아, 왕위계승전쟁 발발
1741	한성의 난전을 금지		베링, 알래스카 발견
1742	탕평비 건립		영국, 초대 총리 로버트 월폴 사임
1743	홍봉한의 딸을 왕세자빈으로 간택		영국, 데팅겐 전투에서 프랑스군 격파
1744	창덕궁 인정문 화재로《승정원일기》소실		영국, 프랑스와 인도에서 카르나티크 전쟁
1745	인정문 중건		프랑스, 영국·오스트리아 연합군 격파
1746	《속대전》인쇄본 완성		아메리카, 프린스턴 대학 설립
1747	《승정원일기》개수		아프가니스탄 왕국 성립
1748	《무원록》을 중간하여 반포		오스트리아, 왕위계승전쟁 종료
1749	영조, 왕세자의 대리청정을 명함		아메리카, 프랭클린, 피뢰침 발명
1750	균역청 설치		청, 티베트의 반란 진압
1751	이중환,《택리지》편찬		프랑스, 디드로,《백과전서》1권 출간
1752	왕손(훗날의 정조) 출생		영국, 그레고리력 사용
1753	균역청을 선혜청에 합병		영국, 대영박물관 설립
1754	황구첨정 성행		아메리카, 컬럼비아 대학 설립

	조선사	세계사
1755	나주 객사에 흉서가 걸림	영국·프랑스, 아메리카 식민지 전쟁
1756	송시열과 송준길을 문묘에 종사	유럽, 7년전쟁 발발
1757	정성왕후 사망	영국, 플라시 전투로 벵골 독점
1758	홍봉한을 훈련도감 대장에 제수	프랑스, 케네, 《경제표》 발표
1759	왕세손 책봉	청, 신장 지역 평정
1760	경덕궁을 경희궁으로 개칭	영국, 몬트리올 함락
1761	왕세자, 관서지역 여행	영국, 프랑스령·퐁디셰리 점령
1762	영조, 왕세자를 뒤주에 가두어 살해	프랑스, 루소, 《에밀》, 《사회계약론》 출간
1763	반역을 꾀한 심내복 등을 국문	청, 평톈의 해금을 해제
1764	영빈 이씨 사망	영국, 제니 방적기 발명
1765	《해동악장》 편찬 지시	무굴제국, 영국 동인도회사에 벵골 양도
1766	각 도의 은결을 조사	덴마크, 크리스티안 7세 즉위
1767	호남의 곡물수송선 대거 침몰	아유타야왕국 멸망
1768	홍봉한을 영의정에 제수	영국, 제임스 쿡 1차 탐험
1769	《동국문헌비고》 편찬 착수	네팔, 통일왕국 건설
1770	홍봉한을 파면하고 김치인을 영의정에 제수	프랑스, 루이 16세, 마리 앙투아네트와 결혼
1771	은언군과 은신군 제주에 안치	러시아, 크림 반도 점령
1772	탕평과 실시	폴란드, 1차 분할
1773	김홍도, 동궁의 초상을 그림	미국, 보스턴 차 사건
1774	서얼의 상속권 인정	영국, 와트의 증기기관 발명
1775	영조, 대리청정 결정	아메리카, 독립전쟁 시작
1776	영조 사망	아메리카, 독립 선언

Summary
The Veritable Records of King Gyeongjong and Yeongjo

Under the Flag of the Impartiality Policy

Gyeongjong, who once had the love of Sukjong all to himself, was the son of Hui-bin Jang who was put to death by poison. Gyeongjong spent 30 years as crown prince, and following the death of Hui-bin Jang, lived in anxiety and fear under the watch of the Old Doctrine Faction. The exhausted Gyeongjong died without an heir, just four years into his reign.

Gyeongjong was followed by his half-brother Yeongjo. Having experienced the destructive nature of faction politics prior to his enthronement, Yeongjo resolved that whoever caused faction strife would be excluded forever from court politics. Yeongjo therefore pursued dynastic stability through the policy of impartiality (Tangpyeongchaek) by including the moderates from each faction while excluding the hard-liners.

However, Factional disputes did not disappear even after the policy of impartiality, and the balance of power turned in favor of the Old Doctrine faction. However, compared to his predecessors who enhanced their royal authority by means of factional strife, Yeongjo's policy of impartiality is highly regarded by his descendants.

Yeongjo achieved several plans through his political talent, will and vision. One example of this is the Equalized Tax Law (Gyunyeokbeop), which alleviated the public's tax pressures. Yeongjo also took steps to resolve the exploitation of the grain loan system and to address sons born of a concubine in official positions. Yeongjo also tried to stop cruel punishment, and he reinstated the Continuously Hearing Drum (Sinmungo), which allowed the people to file complaints in front of the palace. However, although he was a wise and benevolent king to the people, Yeongjo was also responsible for sentencing the Crown Prince to die in the rice chest, one of the greatest tragedies in the history of the Joseon royal court.

The Veritable Records of the Joseon Dynasty

In the Joseon Dynasty, there were always officials who followed and monitored the king. They slept in the room adjacent to where the king slept, and they attended every meeting the king held. The king could not go hunting or meet a person secretly without these officials being present.

Total of eight officials, relatively low-ranking ones whose grades ranged from Jeong 7th to Jeong 9th, were called 'Sagwan,' and in rotation they observed and recorded all the details of daily events that involved the king, things that the king said, and things that happened to him. The authority and confidentiality of these officials were guaranteed by the system, and their work was not to be intervened or interrupted by others. The drafts created by them were called 'Sacho.' Even the king was not allowed to read those drafts, and the compilation process only began after the king's death.

When the king passed away, the highest ranking governmental official would be appointed as the chief historical compiler. A research team would collect all the drafts and relevant supporting materials, select important records with historical significance, and organize them in a chronological order. The finished product was usually called 'Sillok,' which means veritable records.

These "Annals" were created under strict regulations and protocols. Total of five sets were published. One set was kept in the king's palace, and the rest of them were stored in special repositories located in remote mountains far from the capital, in order to avoid possible damages in a disaster. Although only four copies were made in the beginning, when three sets out of four were incinerated during the war with the Japanese in the 1590s, Joseon began to make five copies to prevent the same problem.

The Veritable Records of the Joseon Dynasty features a most magnificent scale, as it is a record of all the events that occurred over 472 years, from the reign of King Taejo to the reign of the 25th King Cheoljong (1392~1863). It consists of 1,893 volumes and 888 books (total of 64 million Chinese characters).

The Veritable Records of Joseon was allowed to be read in only special occasions. But if it was so, why did they put such a tremendous amount of effort into recording their own history? And why would such efforts have continued throughout the history of Joseon? The people of Joseon must have thought it was very important to live a life that would not be shameful to their own descendants.

Source: A Korean History for International Readers, Humanist, 2010.

세계기록유산, 《조선왕조실록》

《조선왕조실록》이란?

《조선왕조실록》은 국보 제151호이자 유네스코 세계기록유산(1997년 지정)으로 조선 건국에서부터 철종까지 472년간을 편년체로 서술한 역사 기록물이다. 총 1,893권, 888책이며, 한글로 번역할 경우 300여 쪽의 단행본 400권을 훌쩍 넘는 분량이다. 철종 이후의 기록인 《고종실록》과 《순종실록》도 있으나 이것은 일본의 지배하에 편찬된 터라 통상 《조선왕조실록》으로 분류하지 않는다. 《단종실록》, 《연산군일기》, 《선조실록》, 《철종실록》처럼 기록이 부실한 경우도 있는데 정변이나 전쟁, 세도정치라는 시대 상황이 낳은 결과이다. 또한 《선조수정실록》, 《현종개수실록》, 《숙종실록보궐정오》, 《경종수정실록》처럼 뒷날에 집권한 당파의 요구에 의해 새로 편찬된 경우도 있다. 하지만 원본인 《선조실록》, 《현종실록》, 《숙종실록》, 《경종실록》을 폐기하지 않고 함께 보존함으로써 당대를 더욱 정확히 알게 해준다. 이렇듯 《조선왕조실록》은 그 기록의 풍부함과 엄정함에 더해 놀라운 기록 보존 정신까지 보여주는 우리 선조들의 위대한 유산이다.

《조선왕조실록》은 어떻게 기록되었나?

조선은 왕이 사관이 없는 자리에서 관리를 만나는 것을 엄격히 금지했다. 또한 왕은 원칙적으로 사관의 기록(사초)을 볼 수 없었다. 신하들도 마찬가지여서 실록청 담당관을 제외하고는 누구도 볼 수 없었다. 그래서 사관들은 왕이나 권력자의 눈치를 보지 않고 보고 들은 일들을 있는 그대로 기록할 수 있었다. 왕이 죽으면 실록청이 만들어지고 모든 사관의 사초가 제출된다. 여기에 여타 관청의 기록까지 참조하여 실록이 편찬된다. 해당 실록이 완성되고 나면 사초는 모두 물에 씻겨졌다(세초). 이렇게 만들어진 실록은 여러 곳의 사고에 나누어 보관되는데, 이 또한 후대 왕은 물론 신하들도 열람할 수 없도록 했다. 선대의 왕들에 대한 기록이나 평가로 인해 필화 사건이 생기지 않도록 한 것이다. 이 같은 원칙들이 철저히 지켜졌기에 《조선왕조실록》이 오늘날까지 존재할 수 있었다.

도움을 받은 책들

《국역 조선왕조실록 CD-ROM》, 서울시스템주식회사, 1995.
강순제 외,《역사인물 초상화 대사전》, 현암사, 2003.
권오창,《인물화로 보는 조선시대 우리 옷》, 현암사, 1999.
김경수,《'언론'이 조선왕조 500년을 일구었다》, 가람기획, 2000.
김문식·김정호,《조선의 왕세자 교육》, 김영사, 2003.
김문식·신병주,《조선 왕실 기록문화의 꽃, 의궤》, 돌베개, 2005.
민승기,《조선의 무기와 갑옷》, 가람기획, 2004.
박광용,《영조와 정조의 나라》, 푸른역사, 2007.
박영규,《조선의 왕실과 외척》, 김영사, 2003.
박영규,《한 권으로 읽는 조선왕조실록》, 들녘, 1996.
신명호,《조선왕비실록》, 역사의아침, 2007.
신명호,《조선의 왕》, 가람기획, 1998.
윤정란,《조선의 왕비》, 차림, 1999.
이덕일,《사도세자의 고백》, 휴머니스트, 2004.
이덕일,《조선왕 독살사건》, 다산초당, 2005.
이성무,《조선시대 당쟁사》 2, 동방미디어, 2002.
이성무,《조선왕조사》 2, 동방미디어, 1999.
이이화,《이야기 인물 한국사》 5, 한길사, 1993.
이이화,《이이화의 한국사 이야기》 14, 한길사, 2001.
이종호,《영조를 만든 경종의 그늘》, 글항아리, 2009.
장영훈,《왕릉풍수와 조선의 역사》, 대원미디어, 2000.
최범서,《야사로 보는 조선의 역사》 2, 가람기획, 2004.
한국고문서학회,《조선시대 생활사》, 역사비평사, 1996.
한국생활사박물관 편찬위원회,《한국생활사박물관》 10, 사계절, 2004.
한국역사연구회,《조선시대 사람들은 어떻게 살았을까》 1·2, 청년사, 2005.
홍순민,《우리 궁궐 이야기》, 청년사, 2002.

박시백의 조선왕조실록

팟캐스트로 예습 + 복습! 재미와 감동 두 배!

역사 전문 수다 방송 〈팟캐스트 박시백의 조선왕조실록〉

350만 독자가 환호한 국민 역사교과서 《박시백의 조선왕조실록》을 오디오로 만나보세요. 《조선왕조실록》을 통독한 박시백 화백의 예리한 안목, 조선사 전문가 신병주 교수의 풍부한 역사 상식, 전방위 지식인 남경태 선생의 종횡무진 상상력이 김학원 휴머니스트 대표의 재치 있는 진행과 만나 《조선왕조실록》에 대한 밀도 있는 음성 아카이브를 만들어냅니다.

청취자가 말하는 "나에게 팟캐스트 조선왕조실록이란?"

타임머신조선 활자와 그림으로만 보던 인물들이 팟캐스트 속에서 살아납니다.
여사마 학생들에게 한국사 관련 재미있는 에피소드와 사례 등을 알려줄 수 있어 좋아요.
혀기 역사에 대해 편협했던 시각이 좀 더 넓어지고 유연해진 것 같습니다.
쿠쿠쿠다스 팟캐스트 형식의 자유로움을 더한 역사 콘텐츠라 구미가 착착 당깁니다.

박시백의 조선왕조실록

대한민국 최고의 역사 방송 '팟캐스트 박시백의 조선왕조실록'
〈네이버 TV〉와 〈네이버 오디오클립〉, 〈팟빵〉에서 들으실 수 있습니다.

| NAVER | 팟캐스트 박시백의 조선왕조실록 | 검색 |

〈팟캐스트 박시백의 조선왕조실록〉을
들으며 함께 읽으면 좋은 책

〈팟캐스트 박시백의 조선왕조실록〉을 더욱 풍성하게 만들어준 여섯 권의 책,
〈외전〉편에서 저자와 함께 나눈 대화는 조선사에 대한 더 깊은 이해를 도와줍니다.

식탁 위의 한국사 메뉴로 본 20세기 한국 음식문화사
주영하 지음 | 572쪽 | 29,000원

우리는 지난 100년간 무엇을 먹어왔을까? 근대인의 밥상에서 현대인의 식탁까지, 일상 속 음식의 역사와 그에 투영된 역사와 문화까지 읽을 수 있다.

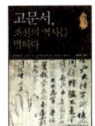

고문서, 조선의 역사를 말하다 케케묵은 고문서 한 장으로 추적하는 조선의 일상사
전경목 지음 | 400쪽 | 20,000원

저자는 한 장의 고문서로 거대 역사 속에 가려진 조선의 일상을 한 장면 한 장면 복원한다. 저자의 추리와 독해를 따라가다 보면 평범한 사람들의 소소한 일상과 만나게 된다.

정도전을 위한 변명 혁명가 정도전, 새로운 나라 조선을 설계하다
조유식 지음 | 416쪽 | 19,000원

정도전의 삶과 죽음을 집요하게 파고든 파란만장한 기록이 그의 목소리를 대신해 역사의 진실을 들려준다.

벽광나치오 한 가지 일에 미쳐 최고가 된 사람들
안대회 지음 | 500쪽 | 24,000원

조선을 지배한 성리학 이데올로기에서 벗어나 자신의 영역에서, 자신의 시선으로, 자신의 시대를 풍미한 조선의 문화적 리더들.

자저실기 글쓰기 병에 걸린 어느 선비의 일상
심노숭 지음 | 안대회 김보성 외 옮김 | 764쪽 | 32,000원

조선 후기를 온몸으로 살아간 심노숭의 삶과 격동기의 실상을 상세히 기록한 자서전

민주공화국 대한민국의 탄생 우리 민주주의는 언제, 어떻게 시작되었나?
김육훈 지음 | 284쪽 | 15,000원

역사 속에서 실천하고 싸우며 만든 민주공화국의 살아 있는 의미는 무엇일까?
19세기 말에서 정부 수립까지 우리 역사 속 민주주의의 뿌리를 알려준다.

박시백의 조선왕조실록 15 경종·영조실록

1판 1쇄 발행일 2010년 3월 29일
2판 1쇄 발행일 2015년 6월 22일
3판 1쇄 발행일 2021년 3월 15일
4판 1쇄 발행일 2024년 6월 24일

지은이 박시백

발행인 김학원
발행처 (주)휴머니스트출판그룹
출판등록 제313-2007-000007호(2007년 1월 5일)
주소 (03991) 서울시 마포구 동교로23길 76(연남동)
전화 02-335-4422 **팩스** 02-334-3427
저자·독자 서비스 humanist@humanistbooks.com
홈페이지 www.humanistbooks.com
유튜브 youtube.com/user/humanistma **포스트** post.naver.com/hmcv
페이스북 facebook.com/hmcv2001 **인스타그램** @humanist_insta

편집주간 황서현 **편집** 최인영 박나영 강창훈 김선경 이영란 **디자인** 김태형 **사진** 권태균 **영문 초록** 강승묵
번역 감수 김동택 David Elkins **조판** 프린웍스 **용지** 화인페이퍼 **인쇄** 삼조인쇄 **제본** 해피문화사

ⓒ 박시백, 2024

ISBN 979-11-7087-177-4 07910
ISBN 979-11-7087-162-0 07910(세트)

- 이 책은 저작권법에 따라 보호받는 저작물이므로 무단 전재와 무단 복제를 금합니다.
- 이 책의 전부 또는 일부를 이용하려면 반드시 저자와 (주)휴머니스트출판그룹의 동의를 받아야 합니다.

조선왕조실록 연표
경종·영조

- 경종 즉위
- 목호룡 고변 사건
  노론 4대신 사사
- 영조 즉위
- 정미환국 단행
- 소론과 노론의 수장을 불러 화해 모색
- 사도세자에게 대리청정을 명함
- 정순왕후를 계비로 맞이
- 사도세자 사망

1720 (경종 즉위년)	1721 (경종 1)	1722 (경종 2)	1724 (영조 즉위년)	1725 (영조 1)	1727 (영조 3)	1728 (영조 4)	1733 (영조 9)	1746 (영조 22)	1749 (영조 25)	1750 (영조 26)	1759 (영조 35)	1762 (영조 38)

- 연잉군(영조) 왕세제 책봉
- 노론 4대신 신원
- 이인좌의 난 (무신란)
- 《속대전》 완성
  《경국대전》을 손질하고 변화된 법 반영
- 균역청 설치
- 나경언 고변 사건

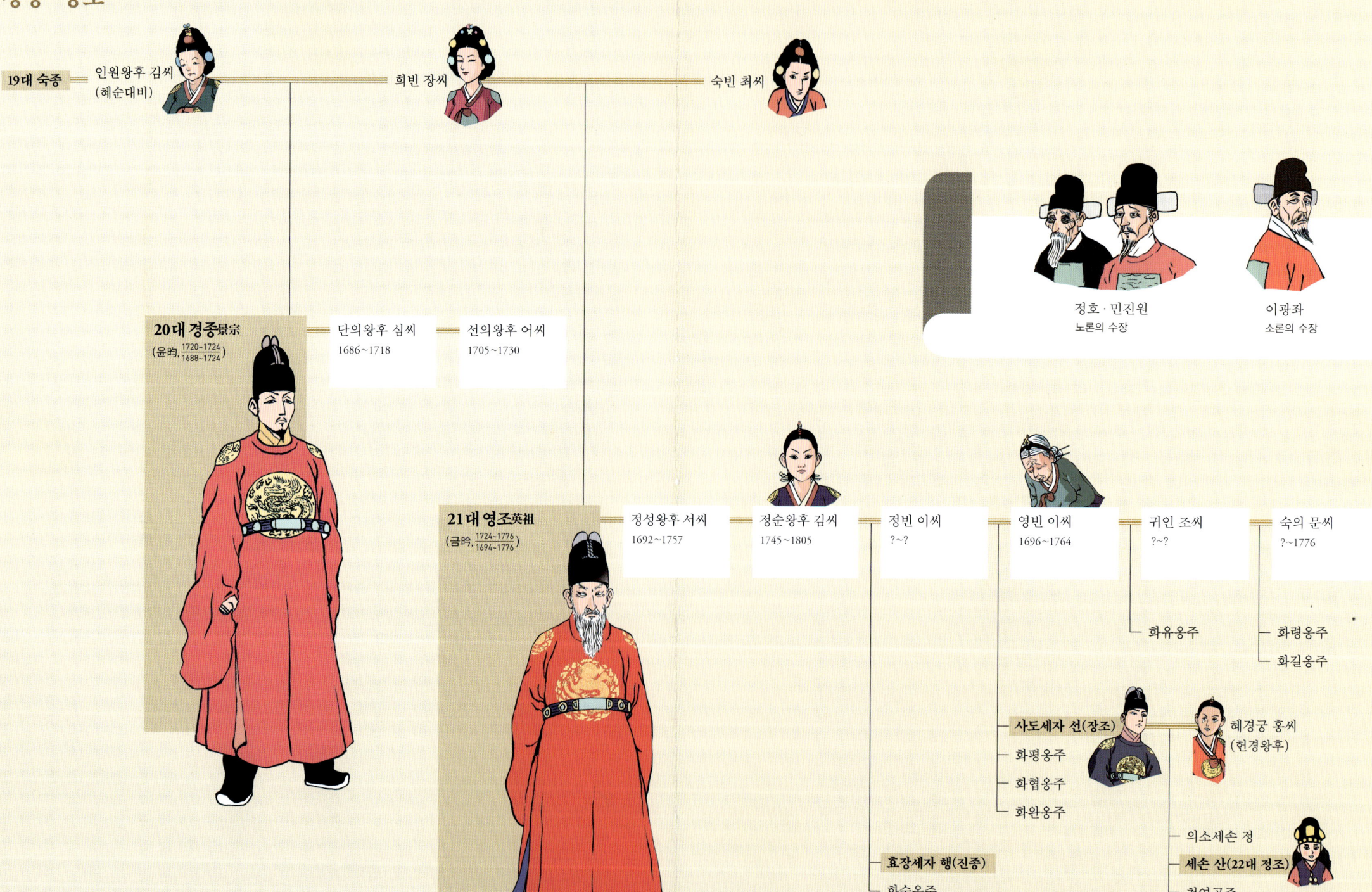